U0067081

教育類叢書

如何拿博士學位

How To Get A PhD

Estelle M. Phillips & Derek S. Pugh ◎著

湯堯◎推薦　　戴靖惠◎譯　　李茂興◎校訂

HOW TO GET A PhD

A handbook for students
and their supervisors

Estelle M. Phillips and Derek S. Pugh

Chinese edition copyright © 2002

By Hurng-Chih Books Co.,LTD.

for sales in Worldwide

ISBN 957-0453-49-4

Printed in Taiwan, Republic of China

原書第三版序

　　本書前面兩版的暢銷，以及被翻譯成多國語言，證明了全球的研究生與指導教授們都很關心博士教育的流程與成效，加上近年來高等教育體系在制度方面出現相當程度的變革，相信關心的人會越來越多，這促成了本書第三版的問世，內容已更新到吻合當下的情勢發展。

　　博士學位是教育制度的頂點，也是許多人夢寐以求的境界。本書踏著兩位作者對於攀登博士學位之旅的分析，除了詳述過程中必然面對的艱辛面之外，並提出博士生與指導教授們可以避免或必須克服的各種問題與因應對策，內容顧及到所有面向，研究生也顧及到非英語系學生、同性戀者、弱勢族群、及身心障礙者。兩位作者都是攀登博士學位之旅的過來人，也擔任過指導教授，事實上，本書是作者之一的EMP之博士論文的延伸，另一位作者DSP也指導過85歲高齡的學生獲得博士學位（世界紀錄保持人是位澳洲人，89歲取得博士學位）。

　　（以下致謝詞謹略）

Estelle M. Phillips

Derek S. Pugh

推薦序

　　雨後的七彩霓虹，是否曾讓你駐足留連？清新如洗的天空，總是將霓虹映襯得更加美麗，將大地帶往詩畫般的夢境。面對如此美景，是否曾引發你內心的感動？絢麗迷人的彩虹，常是經過一番風雨洗滌之後，才會出現在眾人的眼前。生命不也是如此，縱使起伏難料，卻能隨著心靈的真誠修鍊，而有不同意境的斬獲。人生是一段又一段的故事串連而成，不同階段的自我，就像是層層上疊的彩虹，藉由不斷的磨練，成就一個又一個動人的高峰。每一個高峰，都因為盛載著我們心中的夢想而充滿了豐潤色澤。這些夢想是偉大的，也是可貴的。

　　以一位過來人而言，前往英國修習博士學位，是我人生中燦爛的夢想，當時機緣一來便全力以赴。「人生有夢，築夢踏實。」對於我來說，「博士」不只是一個學位，更是人生的使命與責任，就像乘載我踏向高峰的一個夢。

　　投入學術的研究和實現人生的夢想相同，都需要我們付出無比的心血。或許你會問，這和如何取得博士學位有什麼關係呢？讓我們看看近來國內博士班成長的情形或許能有所了解。相較於十年前，我國的博士班人數已增加二點五倍，也就是說，我們的高等教育正朝著愈來愈普及的方向邁進，博士的位置不但是知識金字塔中最頂端的那個部分，而且佔據的範圍有

更加擴大的趨勢。這其中透露出博士所扮演的角色，比起其他
層級的知識份子來說，既有吃重的戲份，還是影響票房的重要
關鍵。身為國家社會的中流砥柱，博士被賦予的使命和責任要
求，都要比一般人來得高。很多人都期望自己成為國家的中堅
份子，因此，對於獲得博士這一個夢想，總是滿懷憧憬，滿心
期許。當我們想完成這個夢想時，究竟要抱持著怎樣的心態，
便是一門相當重要的課題了。一般人完成博士學位，或許只是
為了滿足社會大眾的價值取向。但是，我們是否更應該反問自
己：「這是我的興趣嗎？」「這是我的夢想嗎？」如果答案都
是肯定的，那麼博士的追求，對你來說，便會形成一份使命
感，也會多增一份責任心，驅動著你前進。唯有如此，在追求
學識的過程中，我們才有可能滿載而歸。

　　博士，是求學之路上最外層的虹彩，不但屬於最高峰，更
涵蓋了每一個求學階段的知能和範圍。當我們堅持信念完成夢
想晉身為博士時，也將成就最美麗的人生勝景。完成夢想需要
堅持，更需要《如何拿博士學位》這本書所提供的築夢踏實的
智慧。謹祝所有志在攻讀博士學位或正在攻讀博士學位的學子
們：

　　心想事成！求學順利！

　　　　　　　　　　　　　　　　　　湯堯　教授
　　　　　　　　　　　　　　　　成功大學教育所

譯序

英國大學的研究所教育相當強調學生的獨立性與原創性，因此博士教育並未像大學、碩士班或美國的博士班一樣，爲學生擬定一套入門或必修的課程，通常學生必須視需要自行到大學部或碩士班的相關課程旁聽。英國博士班主要是以師徒制的方式（Supervisor-Student）進行，大部分的時候，博士班的學生必須自行研讀汲取知識，再與指導教授互動與討論。在這種情況下，學生必須非常主動而積極地利用各種資源，否則極易陷於孤立無援的狀態。然而，如果對此種博士制度先有認識，做好心理準備，一定能有豐富的收穫。

譯者在英國求學的期間，深刻感受到英國教育中濃厚的獨立精神，在翻譯這本書的同時，書中提及之各種情境使過去在英國求學時的記憶一一浮現，同時不免也有種相見恨晚的感慨。求學生活看似單純，閉門造車也可以完成學位；然而，多元文化與人際關係本應納入留學生涯的學分之中，少了互動與瞭解，不免是一大遺憾。因此，本書強調學生應該與指導教授、同學、相關組織與媒介充分地互動、溝通與了解，的確值得有志至英國攻讀學位者作爲借鏡參考。

此外，最令人感動的是作者對於博士班學生的關懷，幾乎涵括了所有面向—從個人性的議題（少數族裔、海外學生、性

別、殘障、兼職學生等）到所有博士生可能面對的問題（博士學位之本質與程序、論文之撰寫、與指導教授或同學間的相處、學校之政策等），兩位作者的用心良苦，使全書讀來彷彿一位長者對後生晚輩的循循善誘，不厭其煩地交代著每一個重要的環節，而非以老生常談、輕描淡寫的方式來敘述攻讀學位的艱辛過程。

最後，本書之譯成需感謝弘智出版社李茂興先生給我這個機會，也要謝謝我的家人在我業餘時刻仍埋頭苦幹所付出的憂心與體諒。惟個人之所學與經驗有限，若有翻譯疏漏或不全之處，尚祈讀者不吝指正。

戴靖惠 謹誌

目 錄

第一章

邁向研究生之路

這是一本針對博士研究生而撰寫的求生手冊，如果你有攻讀博士學位的打算，本書將增加你對博士教育系統的整體性瞭解，可以作為你選擇學校、科系與指導教授時的指引。

假設你發現本書時已經是位博士研究生，你更應該詳加閱讀本書，在研究過程中，隨時翻閱參考，因為本書將會討論到攻讀博士學位時的各種重要技巧和程序。

如果你身為一位指導教授，或是未來可能成為指導教授，本書和你更是息息相關，因為它會使你更瞭解自己的角色，使你成功地扮演一位鼓勵、推動學生追求博士學位的指導教授。

研究所教育的本質

想要藉由本書而成功地取得學位，讀一次恐怕是不夠的。身為一位研究生，你必須持續地運用本書提到的各種技巧，深入瞭解自己所面對的情況，這樣一來，你才能在自我掌控下發展你的專業領域。

「自我掌控」可以說是研究所教育（特別是博士班）的重要特質。大學教育的內容往往有系統地為學生傳道授業解惑，

也許在大學時總是被一大堆作業追著跑的你不這麼認為，但我們舉個例子來說，在大學時，教授會列出授課綱要、指定教科書、設計實習課程，甚至告知學生考試的形式及主題等。你是否曾經抱怨老師出的題目超過範圍，理直氣壯地說「沒人告訴我要讀這些東西啊！」大多數的時候，大學生往往會依照著教授所訂定的方向學習。

在博士班的教育中，你必須自己負起學習的責任，才能獲得學位。當然，你身邊不乏可以提供協助的人，包括你的指導教授、其他學術界人士或同學等，他們會給予你很多建議，但是，還是只有你才能決定自己究竟需要什麼、應該怎麼做。因此，對於自己的目標，你要有清楚的規劃，再也不能說「沒人告訴我這很重要」這種話，因為，你要自己負起這個重責大任。

所以你不會再由他人替你決定應該讀什麼，因為博士研究生必須能夠發起討論，自行尋求所需之協助，爭取學習機會，在自己的掌控下進行研究，而不是等著別人來告訴你下一步該怎麼做，或是成天抱怨怎麼沒人來告訴你該做什麼。這並不是博士教育的缺陷，而是它給學習者的機會與優勢。

儘管所有大學整體架構對於研究生的學習過程有很多類似的規劃，然而，不同科系之間還是有許多相異之處，特別是著重實驗的科學領域和人文社會領域之間的差異更是明顯。科學領域需要投注較多的資本在研究設備材料上，指導教授要有能力爭取研究資源及相關的人力，學生往往循著特定的路線從事研究。在研究室裡的博士班學生很像是指導教授的「學徒」一樣，必須配合指導教授的研究計畫來規劃自己的研究主題，在這種情況下，個人創意的發揮空間是有所限制的。在科學領域

的博士研究生可能不免要接受一些無趣的基礎訓練（dogsbody）或電腦技巧。指導教授往往會積極地爭取研究資源、督促學生完成工作，因為博士研究常常成為教授和學生的「合作成果」，並由兩人同時掛名發表研究結果。這樣的研究所文化有其窠臼，因為學生可能遭到過度的剝削，但卻覺得自己只是指導教授的「助手」。因此指導教授應賦予學生足夠的自主權，讓他們有機會發展創意，這才是博士學位的真諦所在。

反觀人文社會領域的學生，相較之下，他們可以在指導教授的專業領域中，訂定自己有興趣的研究主題，同時也能從就讀的學術機構中獲得相關的研究資源。因此，指導教授自己的研究內容和學生的研究主題很可能完全不同，忙碌的教授除了專注在自己的研究，還必須撥出時間指導研究生，除此之外，他可能還要在大學部授課，甚至兼任行政工作，時間的分配顯得格外重要。人文社會學科的指導教授對研究生的研究主題往往只有概略性的瞭解，因此，研究生和指導教授的關係不像「師傅和徒弟」，指導教授反而比較像是研究生的角色典範。這種研究所文化的缺陷在於老師可能一不小心就忘記學生的存在，以致於連續幾週、幾個月甚至幾年都對學生的研究進展不聞不問。因此，特別要謹記在心的是，唯有定期地獲得指導教授的支援，學生才可能充分地發展、獲得學位。

上述所提的兩種研究所文化都是比較極端的情況，其實兩者之間有很多灰色地帶，也有科學領域中的指導教授讓每個學生自行從事有興趣的研究主題，而人文社會領域中的研究生也不乏博士研究生以團隊工作的方式，針對一個大主題進行相關的研究。是故，在進入博士班時，你必須認清自己將會面臨何種情況。

研究生的心理

剛成為博士班新鮮人的時候，你可能雄心萬丈地想要有一番作為，然而在即將完成論文的階段時，身心俱疲的你可能只有一個念頭：拿到學位就要忘記這一切！在從事研究的這些年裡，對研究的熱忱漸漸被單一的主題和重複性的工作消磨殆盡，更糟的是，可能無人真正瞭解、在乎你究竟在做些什麼。

甫獲得進入博士班就讀的時候，絕大部分的人會認為自己是才智過人的知識份子。不久，當他們真的接觸了學術文獻以後，很快就會開始懷疑這樣的自我形象認知。透過和教授們或博士班學長姊之間的接觸，博士班新生了解學海無涯，眼見著別人一直在期刊或研討會上發表論文，對自己的信心與認知也逐漸動搖。歷經了這個自我懷疑與反省的階段以後，一位成功的研究生會學到箇中要訣，將自己定位成一個足以勝任各種挑戰的專業人士，不但懂得如何表達自己的看法，同時，他也清楚地了解自己的侷限。由於知道自己的不足，研究生會試著尋找自己需要的知識，勇於承認自己在某些領域上的貧乏，而非因為害怕別人覺得自己愚蠢而不懂裝懂。這正是研究生們應該要達到的境界。

本書的目的

博士生將會發現，研究所教育和大學教育最大的文化差異在於兩者的自發性學習動機不同，想要在研究所的環境中生存，研究生應該要發展更多的知識與洞察能力。有太多的案例

顯示，許多學生花了一、兩年才適應研究所的環境，這種時間的浪費成為邁向博士之路的巨大障礙，很多人更是因為無法調適而宣告放棄。

　　所有的博士班新鮮人都應有這樣的心理準備：要把很多既有的觀念拋諸腦後，並且重新思索原來視為圭臬的教條。最重要的是，研究生必須要自發性地和指導教授討論自己的看法，即使是一些荒誕不經或不合常理的想法都可能在討論的過程中迸出火花，產生意想不到的結果。

　　本書的第一個目的就是要針對這一點，實際地幫助學生瞭解獲得博士學位的重要程序。本書還有一項輔助性的目的，就是幫助指導教授善盡指導職責。第三個目標是檢視研究活動的整體脈絡，目的在於指出學校在制度面上負有提升博士教育素質的責任，惟有具備這樣的體認，大學機構才能推動必要的革新。

　　為了達到這些目標，我們會列舉許多實際案例，以汲取各類指導教授與博士班研究系統的經驗，在案例中的男女比例，符合目前高等教育中的男女比例。這些案例涵括了各種研究領域，包括藝術、商業、科學、社會和工程等。我們將檢視教育系統的特徵、博士資格的本質、獲得博士學位過程中的心理層面、以及如何與指導教授相處等非常實際的主題。

行動要領

1. 在博士教育中，你要體認到自己才是掌控者，有責任決定自己的需要並加以實現。
2. 自我懷疑是必經的過程，唯有經過這個階段才能看清自己的

目標，並且成爲一位稱職的專業研究人員。

3. 透過本書讓自己更瞭解博士研究及學習的過程，幫助你做得
　 更好。

第二章

進入研究所系統

　　一旦你決心要繼續接受進一步的教育、從事研究並獲取學位，接下來你必須做出一連串的決定。首先，你必須決定自己要申請哪一所大學？在那個地區？如何申請？

選擇大學及學習領域

　　當你已經獲得就讀研究所的獎學金，這份獎學金很可能成為影響你選擇研究機構與研究領域的決定性因素。然而，你必須就以下兩點加以考慮：

1. 這個研究所提供的課程是否真正和你的研究主題相關，在未來的三年中（或更長的時間），你能夠在此專心地從事研究。很多博士班學生在進入學校後，因為對研究領域喪失信心或興趣，而不再專心於研究。

2. 你所選擇的研究所是否有良好的聲譽？是否真的願意培養優秀的博士人才？當你參加面談時，一定要將這些攸關未來的事情問清楚，並且盡可能地蒐集這個研究所的相關資料，了解師資狀況和詳細的研究內容，以及它在

未來的研究方向為何。你可以參考英國大學研究所評比
（British University Research Assessment Exercise）的排
名。你應該設法取得該研究所師生已經完成的研究論文
資料，評估這些研究成果是否有助於你進一步發展自己
有興趣的研究領域。另外，若你可以向正在這所大學修
習博士學位的學生請益，聆聽他們的想法，將可以讓你
更加清楚自己是否適合在此研究所攻讀博士。

唯有當你對於上述兩點—機構與學習領域的適當性—都持
樂觀的看法時，你才可以決定是否接受這份獎學金。在更深入
地閱讀本書以後，你會發現這種樂觀很快就會消褪，因此，你
更須要謹慎地跨出第一步。

假設你還沒真正獲得某個研究所獎學金，或是不只一個研
究所願意提供獎學金給你，這意謂著你有更多的選擇機會。然
而，在這種情況下，你應該更努力地讓自己認清各種不同的可
能性。

想要瞭解相關的學術活動，最直接的方式是到圖書館查閱
最近的期刊，瀏覽目前和你的研究主題相關的議題，同時這也
能使你瞭解哪些學者或研究者在你的研究領域中曾經發表過作
品。記住，所有高等教育機構的圖書館都是開放的，只要你提
出使用的要求，就可以進入。幾乎所有大學都會在自己的網頁
上列出最近的研究內容，因此，利用網際網路也可以幫助你獲
得基本的資訊。

一旦你將範圍縮小，鎖定幾個可能適合的研究所，你應該
要開始主動地和研究所聯繫，透過信件、電話或會面的方式，
獲得更深入的資訊。你將發現，大部分的學術單位都會很樂意

提供你必要的協助。

　　當你大致清楚每個研究所的情況以後，最重要的就是進一步地定義自己的研究方向，你必須考慮自己的興趣，以及你拜訪的研究所是否和你的興趣有契合之處。雖然在這個階段談完整的研究計畫還言之過早，但是你應該已經能夠清楚地談論：哪種類型的研究對你具有吸引力？你為什麼會選擇申請某個系所？

　　另外，你還要考慮在研究的過程中，學校能夠提供的設施。例如，研究所有哪些研究設備？如何使用？包括圖書館設備、影印設備或相關的輔助人員等，甚至如果你的研究需要進行問卷訪查，你也可以看看研究所附近的郵件服務是否便於使用。除此之外，你也要考慮即將與你共事的人和你是否處得來。

　　如果你考慮以半工半讀的方式進行博士研究，或者你有一些地點上的限制，別忘了現在大部分的地區都有一些提供高等教育的機構，不一定非得離鄉背井不可。例如，以西米德蘭茲郡來說，至少有六所大學可以供您選擇。社會大學（Open University）也是另一種選擇，通常在地點上有很大的彈性。

　　也有很多大學並不要求學生一定要長時間待在學校裡。通常他們會規定研究生每年只需要到校數次，停留一些時間，其他時候則利用電子郵件或網際網路的媒介聯繫，使註冊選課等事宜都變得很方便。因此，你應該要掌握這些有用的資訊，使研究之途更為便利暢通。

遠距指導

　　有很多想要攻讀博士學位的人，礙於現實狀況無法長時間待在學校裡，例如居住的地區沒有適合的大學可以就讀、殘障人士或是要照顧年幼子女的人。

　　隨著資訊科技及傳播科技的成長，越來越多人即使在家也能從事研究、透過網路使用學校的圖書館查資料、以電子郵件和指導教授或他校的教師、同學聯絡。在這種情況下，即使學生需要到國外進行研究（例如人類學或地質學的學生出國進行田野調查），依然能夠隨時和指導教授保持聯絡。

　　這並不是說所有的博士課程都可以完全由遠距教學的方式完成。事實上，經常面對面地互動、討論彼此的想法，對學生或指導教授而言都是不可或缺的。經由頻繁的互動才能使研究更有創意地進展。雖然資訊科技的溝通管道很方便，但仍然不能完全取代面對面的接觸。因此，所有的英國大學仍然要求學生至少要停留在學校一段時間，所以想要完完全全以遠距教學的方式獲得博士學位，在現階段來說是不可能的。

　　科技的進展也改變了研究機構間的互動。大多數的大學都已經體認到自己和其他教育研究機構必須共享各種資源，因此也會更積極地參與合作計畫，使他校的學生也能到本校上課或參加討論。例如以電腦或其他技術提供外校學生相關課程，這種情況在暑假期間更是常見，因為在這段時間中，學校電腦的使用率偏低，研究生在此時有更多機會使用學校設施。此外，互惠性、低成本的資源分享也將使學校與學校之間的關係更加良好。

選擇研究環境

在你的研究生生涯中，你將會身處於何種研究環境，是一件很重要的事情。未來幾年中，你到底要在哪裡度過？在選擇研究所時，你必定要考慮學校是否有你所需的硬體設備協助你完成博士學位。

有些大學會為研究生提供個人專屬的小房間，有些則是提供研究生共用的休息室，有些則是讓研究生像學校職員一樣，在一個公共的空間中有自己的座位。在這個時代裡，電腦和網際網路科技與研究活動密不可分，因此你必須要特別注意，研究所在這方面的設施是否符合你的需求。有些大學會給博士班學生專屬的個人電腦，但是如果你要就讀的研究所沒有這樣的設備，你就要考慮為自己買一台電腦，因為這是研究過程中不可或缺的工具之一。另外，大學應該要給你電子郵件以及使用網路的個人帳號；萬一沒有，你也要想辦法自己申請一個。

也有些學校並不特別提供博士班學生相關的硬體設施，因為它們認為學生如果不是在圖書館、研究室、其他組織或出遠門做實地調查，就應該在家裡從事研究。

有些學生可能希望自己能在研究生專用的大房間中，坐在屬於自己的角落，與其他研究生在一起。但是有些人可能會覺得在這種環境中備受困擾，因為他不得不和別人交談、聽別人談論研究進展，以致無法專心做自己的事。

有些人可能比較孤僻，比較能夠享受獨自鑽研或沈思的樂趣，也希望能將社交活動和學術活動之間的界線劃分清楚。但是也有人覺得這樣的研究環境過於孤立無援，沒有可以互相討

論的對象，也缺乏外在的刺激，無益於新思維的發展。

有些研究生則認爲，和其他兩、三個研究生共用一間研究室，是最理想的研究環境。他們有屬於自己的座位和一定的空間可以擺置書籍或進行寫作，也能和室友、指導教授在這個空間中聊天交談。然而，有時事情並不是這麼順利，因爲你可能發現自己遇上個難纏惹人厭的室友，想要敬而遠之卻無可奈何。例如有些人會在研究室裡吸煙或總是和朋友大聲交談，擾亂努力想要清靜專心的你；有些人可能很邋遢，總是「借用」你的私人物品卻遲遲不還，把他的東西放在屬於你的空間裡；你還可能碰上很粗魯的人，愛打探你的隱私、說別人閒話等。

另外，在這種空間中，大家都會知道你是否有到研究室，於是你得向別人解釋爲什麼沒到（或爲什麼總是窩在研究室）。或許你本來以爲指導教授的辦公室就在附近，最後卻發現自己找得到他的時候還是很少。

選擇指導教授

選擇指導教授可能研究生涯中最關鍵的一步了。一般來說學生並不能選擇指導教授，往往系所會爲研究生指定指導教授，在少數的狀況下，也可能是指導教授自己挑選學生。

然而，你仍然有能力去影響系所及教授的決定，至少這是值得一試的。你應該蒐集一些基本的資訊，以確知某人是否真的適合擔任你的指導教授。其中最重要的，就是參考這位教授的研究成果，以及預測他未來是否會繼續在學術上有所貢獻。你需要提出的問題包括：最近他們有沒有發表文章？他們有沒有獲得研究補助或簽訂研究合約？他們是否受邀到國內外研討

會上發表論文？當答案是肯定的，對你也會比較有利。

　　還有一件重要的事情也是你應該加以考慮的：你希望和指導教授建立何種關係？指導教授和研究生的關係可以發展到非常親近的程度，有時候甚至連婚姻伴侶每天相處的時間都沒有指導教授和學生在一起的時間多。有些研究生需要指導教授常常在身邊，特別是剛開始進入博士班的時候。然而，也有的人不喜歡教授老是問他研究進展到什麼程度，或是告訴他下一步應該怎麼做，他會覺得這樣很有壓迫感。

　　指導教授和研究生之間的互動模式可以分成兩種。第一種是以上所提的情況：研究生時常需要教授的支持和背書，而指導教授也希望學生可以持續地和他保持聯繫，以便隨時掌握狀況並予以引導。另一種情況則是學生希望有足夠的自主權、自己嘗試錯誤後再與指導教授討論，在這種狀況下，指導教授應該要給予學生一段進行嘗試—錯誤的時間，在適當的時機介入學生的研究，並且給予指引。

　　Phillips在1979年的研究顯示，假設一個學生習慣慢工出細活，偏偏碰上一個老是喜歡盯著學生詢問研究進展的指導教授時，這名研究生會覺得老師要求過高而懊惱不已，指導教授則會覺得這名學生吹毛求疵、無法獨自完成研究。相反地，如果一個極需要教授的回饋、支持或肯定的學生，碰上一個只會偶而關心一下研究進展的指導教授，學生會有備受忽視的感覺，但是如果這個學生時常要求老師多花些時間在他身上，老師也會認為這個學生太過依賴而心生反感。

　　指導教授和學生之間的關係與溝通是很重要的。如果雙方關係良好，無異是為研究生涯建立良好的出發點，但是如果搞砸了這個關係，可能會讓研究生涯諸事不順。因此，我們必須

要強調這件事的重要性，更建議指導教授和學生在一開始的時候就應該把握機會講清楚，讓彼此在雙方都同意的關係模式下進行互動。

成為一名研究生

在進入研究所時，研究生對於自我角色的了解往往很有限。剛從大學畢業進入研究所的學生，和已經工作好些年再返回校園進入研究所唸書的學生一樣，對自己的角色充滿困惑。

博士新鮮人常會覺得那些已經拿到博士學位的人一定非常優秀聰明，同時也覺得自己好像並不是那麼傑出，這種觀念很容易抑制了他們未來的發展，動搖他們追求博士的信心與決心。有時候，當他們讀到別人的博士論文時，腦中會冒出一個想法：「我怎麼可能寫得出這種東西？」

Wason指出，研究生經常處於一種「錯誤定義的地獄邊緣」（ill-defined limbo）狀態，在初成為博士研究生時的過渡時期裡不斷地自我懷疑，不確定自己究竟所為何來（1974）。美國的博士課程和英國的博士課程很不同，Vartuli清楚地指出，英國的學生在進入博士班時，往往需要把過去所學的一切拋諸腦後，從零開始，慢慢地摸索並瞭解自己應該怎麼做。雖然Vartuli是以女性觀點來描述博士生涯的種種，但是根據Wason（1974）和Phillips（1979）的說法，即使是男性也會有Vartuli所說的類似經驗。

因此，博士研究生新手應該盡量避免在一開始的時候就肯定地答應指導教授的要求，承諾自己會在期限內完成某個局部的研究計畫。同時，雙方都應該要達成這樣的共識：每一次完

成一些工作時，指導教授和學生會對研究結果加以討論，並且讓學生表達自己眞正的感受。這樣的過程能釐清此名學生從事研究、撰寫論文的能力，同時，也幫助學生更清楚撰寫論文時的過程，以符合學術界對於博士生論文的要求，完成一個當初自己望之卻步的研究主題。

　　和其他研究生討論、分享經驗也是很正面的作法。從彼此的經驗中，學生會瞭解並不是只有自己才會遭遇某些問題與挫折，所有博士研究生在整個不盡完美的研究所系統中都可能面臨這樣的艱難處境。

研究所系統的迷思和眞象

象牙塔裡的研究生涯？

　　人們對研究常有一種誤解，認爲這是脫離現實社會、閉門造車的活動，研究者把自己關在象牙塔裡，與外界中止互動。如果你跟別人說自己在做研究，人們可能會覺得你爲了有些新發現，已經有離群索居、閉關數年的決定。

　　事實並非如此。雖然在博士生涯的許多時候，你可能必須要獨自思考、寫作，但這並不是研究的全部，你往往還得和整個學術網絡裡的人互動聯繫，才能成爲一名活躍的研究者。你需要接觸的人包括指導教授、系所裡的其他教授、圖書館裡負責以電腦搜尋文獻的專業人員、授課的訪問學者、或在研討會上發表論文的同事，名單可說是族繁不及備載。要成爲一個有效率的研究者，你必須要把握各種可能的機會。研究是需要互動的，你所具備的不只是做學問的技巧，你也需要懂得如何進

行社交與溝通。

人際關係

Wason注意到新進博士生似乎不太習慣直呼指導教授的名字，然而，大多數的指導教授都不忌諱雙方以名字互稱，而且也會感受到彼此之間有猶如朋友般的情誼。有些指導教授會邀請學生到自己的家中，或到pub裡小酌一杯，以加強雙方的友誼。大部分的情況，無論指導教授如何盡力要成為學生的朋友，對學生來說總是需要較多的時間來適應這種朋友般的師生關係。即使是年紀較長的學生，也會和甫從大學或碩士班畢業的學生一樣，沒有辦法一開始就在這種關係裡顯得很自在。

為什麼學生在朋友般的師生關係中會有適應不良的情形？原因可能在於指導教授已經擁有了研究生最想要的東西——博士學位，而且已經在專業領域裡有所成就。在大學時，學生可能因為上過老師的課或讀過他的論文因而相當仰慕老師，並且對老師的各項研究成果時有耳聞。因此，有機會親身受教時，學生即使備感殊榮，也無法無視於指導教授在權力與地位上所具備的權威性。

研究生之間要產生互動似乎有些困難，這牽涉到整個博士班教育的架構問題。在博士教育系統中，並不為研究生們安排共同的討論課程，彼此之間自然會疏於聯繫，因此研究生之間的人際關係需要刻意而長期的經營才能建立。

團隊工作

黛安是一名生化科學方面的博士研究生，她說：「研究室裡面有很多人，大家都是研究生，我自己做自己的工作。」黛

安是研究生團隊中的一份子，這個團隊主要目的是研發有效的抗癌藥物。她所處的情境跟大多數的科學領域研究生一樣：一名教授獲得一件大型研究計畫的經費補助，由他主持這項研究，集合手下的博士生進行實質研究，每名研究生針對不同的問題從事實驗工作，彼此之間的研究內容是息息相關的。理論上來說，整體研究團隊的成員應該常常交換最新資訊，但實際的狀況往往是，每個研究生緊緊捍衛屬於自己的研究範圍，深怕別人有什麼新發現，讓自己之前的努力功虧一簣。

唯有完成一項創新的研究，學生才能獲頒博士學位。研究生在執行類似上述的研究計畫時，心中常常戒慎恐懼，原因有二：第一，別人和自己的研究內容往往只有一線之隔，一不小心很可能使自己的研究失去原創性或列居次等位置；第二，別人的研究成果可能會證明自己的研究方向根本錯誤，結果他拿到博士學位，自己的博士夢卻落空。

研究生之間需要的是合作，而非競爭，唯有藉著互相瞭解才能避免衝突與疏離。然而，很多博士班研究生卻都經歷過這樣的疏離與孤立過程。和藝術或社會領域的學生相較之下，科學領域的研究生比較容易碰上這種狀況，這乃是因為科學領域的研究生比較依賴團隊工作，彼此之間的關聯性較強，自然較容易產生衝突。

有些其他學院的研究生則希望自己可以不用到研究室做實驗，而是在圖書館或家裡讀書、寫作或思考，只有在研討會、研究生休息室或一些特別安排的場合中才會有社交活動。

科學方法

Medawar曾說，「假設的本質是想像的、具啟發性的」，

是一種「心智的冒險」（1964）。他贊成Karl Popper在《科學發現的邏輯》（1972，第三版）一書中所說的：科學方法的本質是將假設加以演繹（hypothetico-deductive），而非一般所相信的歸納法。

對於想要成為一名研究者的你來說，必須分辨這兩種研究方法的差異，才能避免在往後的研究路途中覺得氣餒或是懊悔。

一般人對科學方法懷有一種迷思，認為科學方法就是歸納的過程，以為科學理論肇因於一些基本而原始的證據，這些證據是來自於簡單、中立、沒有預設立場的觀察活動，將這些對於事實的觀察加以概括歸納後會形成一個普遍化的通則。但事實上，歸納法在一開始就已經站不住腳，因為，所謂「完全中立的觀察」事實上根本不存在，觀察行為本身和我們過去的經驗是不可切割的。我們無可避免地會預期科學研究或實驗的結果，這種預期行為其實便是科學上所說的假設。我們所做的假設會觸發追根究底的動機，並影響研究方法。這種預期心理也使我們決定哪些事實是相關的、採用某些研究方法、摒棄其他的研究途徑或是只從事某些特定目標的研究。在這樣的情況下，哪裡會有完全純粹、中立而客觀的研究呢？

假設往往來自於臆測或偶發的靈感，但是卻必須透過適當的研究方式加以嚴格檢測才能成立。如果你的假設在經過驗證後證明是錯的，你就應該要放棄或予以修正；倘若你的假設是正確的，則它應該受到支持，除非有更新的研究推翻了這個假設。一旦你發揮想像力提出一個假設，你應該開始以嚴格、縝密的邏輯去證明這個假設是否正確，這就是我們所說的假設演繹法（hypothetico-deductive）。

　　因此，你無須憂心自己沒有先蒐集相關的資料就產生某些想法是否過於貿然，沒有一個科學家會把全部證據收集齊全後才著手進行探討研究。即使有些意外的發現會使歸納法生效，但就算在這種情況下，研究者還是得先建立一個可以加以驗證的假設。例如，研究者必須先做出假設，方能著手證明某種土壤可以有效地抑制細菌感染。

　　關於科學方法還有另一個迷思，就是假設演繹法絕對要按部就班、一個步驟也不能省。假設演繹法所採取的「邏輯取向」並未指出產生研究成果的心智活動，它比較像是一個包含臆測、修改、更正、面對僵局並且產生靈感等行為的整體性概念，在閱讀最後完成或發表的論文時，這個概念不見得會呈現在讀者面前。這些程序已經以一種更有序列性、更富邏輯性的方式，適當地被組織在論文成品中。因此，最後所成就的論文價值應該和生產論文的過程分開評估。兩者之間的差異，很類似Crick和Watson以論文證明DNA的分子結構，和Watson（1968）在《雙螺旋》（The Double Helix）這本引人入勝的書中描述他們如何進行這項研究。從這個角度來說，「科學方法」更適用於撰寫論文，而不是執行研究的方式。

行動要領

1. 在選擇研究所時盡你所能地蒐集完整的資訊，利用網際網路或親自拜訪可能成為你的指導教授的人，以及主動要求參觀研究環境，看看是否適合自己。
2. 選擇指導教授時，要先瞭解他的研究經驗、出版記錄以及他指導學生的風格或方式。

3. 剛進入研究所時，可以先執行一個小型的研究，讓自己進入
   狀況。在完成這個小研究時，除了和教授討論結果，最好還
   能討論整個執行的過程中你所遭遇到的問題或產生的疑問。

4. 你也應該試著發展和指導教授或其他博士班同儕的私人情
   誼。擬訂有範圍的目標並且努力達成。

5. 從相同主題的研究者的經驗中，學習一套實用的科學研究方
   法。

第三章

博士資格的本質

　　本章我們將討論博士資格的本質，涵蓋的問題包括博士過程的目標、博士資格在學術系統裡的角色、以及博士研究生、指導教授及審查委員各方的目的分別為何。

博士學位的意義

　　首先，我們以歷史背景及現況討論英國大學學位結構的意義。

- 傳統上，獲得學士學位意謂著該名學生已獲得一般性的教育（general education）（大學教育的專精化是在十九世紀發展出來的）。
- 獲得碩士學位表示有實際任職的資格。最初，這意味著從事神學工作，亦即取得在教會任職的資格，但後來碩士學位逐漸普及到各種學科，如企業管理、土壤生物學、電腦、應用語言學等。獲得這個等級的學位意謂著已經具備某個專業領域中的進階知識。
- 取得博士學位等於擁有授課的資格，可以成為大學師

資中的一員。但在今日來說,能夠在大學授課並不是攻讀博士學位的唯一理由,因為一旦得到博士學位,職業生涯的選擇範圍也更加廣泛,這也是為什麼很多具有博士學位的人未必擔任教職。不過,這個概念至少說明了大學裡的教師必須是具有權威性的人士,能夠妥善運用、擴展自己的專業知識。

上述對於各種學位的定義與描述也是有例外的,畢竟英國大學一向以其具備之獨立精神而自豪。例如,英國並沒有任何一項法律明文規定應該以何種標準決定頒發何種學位、由哪一個機構頒發、誰值得獲頒學位等,這和歐陸的情況是一樣的。

因此,傳統上蘇格蘭的大學係以MA(Master of Arts)作為藝術領域中的大學學位名稱,但在科學領域方面,則以BSc(Bachelor of Science)命名。另外,劍橋與牛津大學傳統上並沒有特別舉辦碩士學位的考試,但是要求學生必須有持續兩年的出勤紀錄。

在醫學教育方面的制度則顯得更特別:只要完成大學醫學教育就可以獲頒博士(Doctor)頭銜,雖然大學醫學院的課程實際上應等同於兩個學士學位,但是醫學院畢業生卻可以和碩士生一樣,擁有取得開業的資格。當然,種種的特殊性都有其正當的歷史淵源。

博士學位的概念則相當清楚,它是學院所頒發的最高學位,獲得博士頭銜即表示他所說的話和大學教師一樣值得聆聽。傳統上,英國大學以不同的名稱來區別各種領域的博士學位,如DD(Divinity,神學博士)、LLD(Law,法律博士)、MD(Medicine,醫學博士)、DMus(Music,音樂博士)。實

際上，英國大學中博士學位制度是相當晚近的發展，大約在廿世紀時才從美國引進這個概念，除了上述的幾個博士學位，還有如DSc（科學），DsocSc（社會科學）、DLitt（藝術）等種類，這些博士學位所代表的成就，通常不像英國傳統上所認定的「高等」博士概念那麼廣泛，因為這些學位往往設定在一定的期限內完成（一般是三年，有些情況下可能更久一點）。儘管如此，擁有博士學位仍然意味著對某一個領域有所專精，並且能夠有所貢獻。

成為一名完全專業的研究者

博士學位係由合適的學院頒發，獲頒此頭銜的人也意味著他的權威性受到認可。以現代的角度來說，我們可以將博士視為某個領域中的完全專業研究者（fully professional researcher）。究竟怎麼樣才稱得上是「完全的專業」？

- 首先，在最基本的層次上，你必須要有些東西想說，而你的同儕也會想要聽。
- 第二，你必須能夠掌握關於研究主題的動向，以便評估他人對這個主題的研究有何價值。
- 第三，你要非常敏銳，以釐清自己在此一領域上究竟能夠有何貢獻。
- 第四，你要隨時保持職業道德意識，在不逾矩的範圍中進行你的研究。
- 第五，你必須具有適當、合時宜的技術，同時也要警覺到這些技術的侷限。

- 第六，你必須能夠在專業場域中有效地傳達你的研究結果。

- 第七，所有的工作必須在一個國際性的脈絡中進行，和你共事的專業同儕必須是世界性的（雖然從過去就一直都是如此，但在今日的世界中，傳播與融合的速度已非過去可比擬）。你應該對整個世界在此一領域上的新發現、新形成的討論議題或出版情況保持高度的警覺性。

上述幾點清楚地指出了一位專業研究人士應該具備的特質，它們所指涉的並非知識本身，而是必備的技能。正如哲學家Gilbert Ryle所說的：「知道某件事」和「知道如何做」是兩回事。光是有人告訴你這個領域值得開發研究、可以運用某種技術、如何寫出一篇清楚的論文來闡述研究結果等，都是不夠的。重點在於，你要能夠自己釐清值得研究的主題，嫻熟適當地操作需要的技術、將你的研究發現有力地、貼切地傳達出去。

這些使你成為稱得上專業人員的技能，並不是從其他專業人士口中聽聽就能學到，雖然你可能有意無意地從中聽到一些觀點，但是，你仍然必須在指導教授的監督下，親身實踐以後才能具備專業技巧。探索和練習是一體的兩面，兩者都是學習技能時的基本行為，也因此博士學位是需要花時間去經營獲得的。

除了以上所述，真實的情況可能更複雜。在攻讀博士學位的過程中，你可能會發現自己正身處一場遊戲之中，而遊戲規則總是不斷地改變。今天還是一項為人稱道的專業作為到了明

天可能變得失當，今年被認同的研究成果到了明年可能已經過時而了無創意。

因此，成為專業人員所需要的另一個關鍵技能是，對自己及他人的研究進行評估、再評估，能夠修正、調整自己的步伐，並且不斷地成長。

這就是你在展開追求博士學位的生涯時，所應該具備的技能，這些過程都是為了讓自己變成一位達到專業水準的研究人員。隨時將「專業」這個概念放在心上，這能導引你去作該做的事。舉例來說，你不是為了研究而去作研究，你從事研究是為了證明你有能力以專業的標準從事研究工作（本章稍後將會針對這一點有更多的討論）。

如果你寫了一篇關於自己研究領域的文章，不應該是因為覺得有趣，或是只因為別人都這麼做（雖然兩者可能都屬實）。你應該是為了把握機會證明自己對真正的「專業研究」有成熟而透徹的領會，所以可以充分運用研究素材（在第六章討論論文的形式時，將有更有詳細的說明）。

請注意最重要的一個觀念：你的學習必須達到專業的標準。怎樣才算是達到標準呢？這也是你最應該從指導教授、從別人發表的學術論文中學習的東西。指導教授應該要給你充分的機會瞭解、熟悉專業標準，唯有如此，你才能真正明白什麼是專業標準，並且試著去達到標準。

很顯然，當你不知道標準為何，你便無從獲得博士學位，這是攻讀博士歷程的意義所在。並不是只要熬過特定的時間，就能使博士學位成為囊中物，然後讓你歡天喜地、讓家人共享榮耀。當代表整個學院以及學術社群的審查委員決定授與你博士學位時，他們就認定你已投身學術圈，成為這個圈子的一份

子，並且在未來的學術生涯中能夠有所貢獻。同時，獲得博士學位原則上也意味著你可以審查別人的博士論文。當然，你不能在甫獲得學位以後就立刻擁有這種權力，你必須發表論文、持續從事更多研究以建立自己的學術權威與聲望。

這正是整個博士養成訓練的目標：提升你的能力，使你也具有檢驗他人博士論文的權威。你必須具備專業技能，也必須知道什麼是獲得博士學位的標準。因此，這會產生兩個必然的結論：

- 在攻讀博士學位的早期時，你必須要積極閱讀相關領域的博士論文，以便瞭解標準為何。想要知道真正的標準何在，除此之外別無他法。
- 如果你還得拿著自己的研究結果問指導教授「這樣可以了嗎」，表示你還沒有真正做好成為博士的準備，因為你似乎還未能以夠專業的標準去評估研究結果（包括你自己的研究），這是能否獲頒博士學位的認定標準。

副博士和博士的區別

副博士（MPhil）不像博士一樣需要控制整個研究內容，修習副博士的時間較短，一般人大約以兩年的時間完成副博士的課程。而副博士的學位論文在篇幅上也比較短。通常，副博士是為了進階研究工作所從事的訓練準備，同時也可能是攻讀博士學位前的暖身。在副博士的課程中，學生會獲得研究的基本法則以及一些新的技能。副博士本身也是一種具合法性的高

等教育學位。

　　和博士學位一樣，我們無法明確地指出獲得副博士的各種制度規定，你必須自行參考他人的論文，以便找出規則所在。但我們在此有一些概括性的說明，期能幫助你瞭解博士與副博士之間的區別。

　　副博士候選人也要從事研究調查，但是和博士候選人比較起來，他們的研究或許在深度、廣度或是原創性上都較爲有限。一般而言，學術界對博士論文在深度及創意方面的期望較高，博士候選人往往必須具有整合、批判及追根究底的研究能力。

　　副博士也可能只對已經發表的研究做出回應，而且也可以使用二手資料。這意味著副博士的論文中可以引述其他權威人士的話語，如「Francis對原創性做出了幾個定義（Phillips and Pugh 2000）」。在博士論文中，這樣的作法是不夠的，一名博士候選人必須要眞正地去閱讀、評估、考證Francis的原著。

　　除此以外，雖然副博士也必須對相關文獻有完整的概念，但是並不需要像博士一樣提出評估性的檢視。兩者之間的主要差異在於檢視文獻時的廣度和深度，而人們對於兩者在評論能力方面的期望也有不同。程度較好的副博士必須要證明自己有能力檢證某些觀念、了解適當的技巧、運用各種出版品等資料來源，並且熟稔不同的理論或實務研究。每一所大學對修習副博士分別有不同的規定，在申請之前宜詳加瞭解。

學生的目標

　　攻讀博士學位有很多不同的原因，剛開始最常見的動機是

想要在相關的領域大展身手、有所貢獻。在這種情況中，學生可能是在大學時或就業時對某個研究主題產生濃厚興趣，希望能夠藉著攻讀博士增加更多相關知識。例如Adam在建築系畢業以後，一面擔任建築師，一面教授相關課程，當他提到為什麼自己又回到學校念書時，他說：

> 我想要獲得更多理論方面的知識，因為我的興趣是建築物的設計。建築物可能會影響使用者的行為，建築師在沒有與使用者先行接觸的情況下，應該如何設計建築物？這是我在大學時期就很感興趣的問題，也是我在工作的過程中不斷觀察的現象。我認為在建築專業領域裡是一個很重要的議題。

Greg是一名歷史系的學生，他說明自己為什麼要攻讀博士學位：

> 攻讀博士學位使我有機會延伸我在碩士課程的研究內容。對我來說，獲得博士學位的人會在某個領域有一些新的貢獻，這正是我想做的。在我完成一個學位之前，我從未真正地考慮是否要拿下一個學位。我不需要憑著博士文憑去找工作，有時候這反而成為求職的絆腳石。

Greg直率的自白並不能反映所有研究所學生的想法，因為就我所知，有很多研究生攻讀博士是為了擁有更多就業機會、創造更多財富才決定繼續攻讀博士。有些人有計畫地繼續朝更高學位邁進，有些人則是誤打誤撞。Freddy原本學的是工業化學，他發現原來從大學畢業後直接就業，事實上比他想像中還要難：

我的女朋友住在芬蘭，所以我想在芬蘭找工作，有兩家公司決定錄用我。但是我遲遲無法拿到工作證，所以只好在這裡找工作。結果我發現已經太晚了，因為這個時候根本已經找不到什麼好工作了。正好我以前的系主任提供一個研究生名額給我，我看了研究大綱以後就決定接受他的提議。

　　有時候人們走進研究室或醫學院系所時，會直接稱呼裡面的博士班學生「博士」（Dr.），這時候這些博士研究生會顯得有些尷尬，因為事實上他們尚未拿到博士學位。還有些人在醫學單位工作的人則會覺得如果自己也擁有博士的頭銜，和其他同事的關係可能會好一點。另外一個很類似的處境是，有些女性研究生會希望自己拿到博士學位，因為直接以「Dr.」就可以解決究竟要稱「Miss」、「Mrs」或「Ms」的問題了。

　　還有些攻讀博士學位的人，理由是因為沒有目標，想不出要作什麼好，索性就繼續唸書。這一類型學生的求學動機跟我們之前對博士班學生的形象認知—為追求更高深的學問、有潛力成為專業的學者—可說相去甚遠。但是他們不見得在整個博士課程中永遠都是因為無所事事才讀書，他們可能漸漸地從研究的過程中獲得成就感，增加了研究的興趣。Bradley提到她在英語系攻讀博士學位的決定時，她說：

　　除了繼續讀書，我找不到什麼事情是既有意義、又可以讓我自己覺得快樂。這幾乎是一種本能的反應，我沒有去想好處或壞處，就是一種非常直覺的決定。

　　不管是像Bradley或對於博士學位有高度熱忱的人，經過了

幾年的磨練和學習，成為真正的專業人員時，對博士的看法都
會有所改變。往往越到最後，他們的目標都會變得更狹隘：反
正一定要拿到學位，就把事情作完吧！

指導教授的目標

指導教授和學生一樣，他們之所以擔任指導教授的原因也
不盡相同。有些教授認為若在自己門下有眾多優秀、成功的研
究者，將能夠增加自己的聲望；培養一個傑出的學生就等於為
自己的專業加分。當然，如果自己所指導的學生中途放棄、研
究成果低劣或未能在限定的期間內完成研究，也可能損及指導
教授的聲譽。不過，我們的確常常看到有些老師提到得意門生
的成就時，臉上洋溢著喜不自勝的表情，彷彿是自己的成就一
般。

指導教授至少可以分為兩種典型。第一種是相信自己可以
鼓勵研究生變成一名獨立自主的研究者；另一種則期望研究生
成為自己的得力助手。無論是哪一種類型的指導教授，這些老
師們或許沒有想到指導學生的這些方法，似乎過於簡化研究所
教育的本質。

有些指導教授會選擇自己偏好的領域，讓不同的學生針對
各種不同但相關的問題從事研究。這類型的教授是以自己的成
就為中心，以此吸引更多其他學校或國家的研究者就此領域交
流討論，偶爾也會請知名的專家學者以小型研討會的形式舉行
座談。在這類指導教授門下的研究生可能會發現自己的研究主
題有些瑣碎狹窄，和其他研究生的主題往往只有一線之隔。

有些地位較高的資深學者則將目標鎖定在諾貝爾或其他的

學術獎項，在他旗下的學生會覺得自己的角色比較像是研究助理，一切都依照指導教授的規劃進行。

　　還有些指導教授希望學生盡快完成研究，他們的目的就是桃李滿天下。他們對待研究生的方式基本上和他們在大學部授課很類似。因此，學生必須要自己發展研究主題、較獨立地完成研究。在這種情況下，學生有較高的自主權，但也容易因此缺乏和同儕間的交流互動。

　　因此，教授們同意花費額外的時間擔任指導研究生的工作，其背後的理由各有不同，也可能同時有多種不同的考量，學生們必須仔細衡量自己的指導教授是哪一種類型的人，以便未來能成功地扮演符合教授期望的角色。

　　即將成為研究生的人，必須仔細考慮：自己究竟想要成為一名自主的研究者？或是一名優秀的高級研究助理？指導教授在選擇研究生時，也要認清楚哪一種類型的學生符合自己的期望與需要。

　　當然，對一個博士班新鮮人而言，很難完全領會我們所說的一切，更別說對各種情況詳加考量。不過，你至少可以試著做兩件事情：詢問該系所中其他研究生的經驗，並且和可能成為你的指導教授的人討論，以瞭解他們與學生一起工作的方式。

審查委員的目標

　　在審查博士資格時會有外來的審查委員，他們來自於你就讀的學校以外的大學，通常是為了確定你是否符合被授予博士學位的資格標準。有些審查委員認為，一名博士要能勝任研究

的工作，有些認為博士應有著書立言的能力，有些則認為博士是為了往後的學術生涯鋪路，更有些審查委員認為博士應該就是一名完全的專業人員。

不管審查委員比較重視書面論文或是博士候選人在口試時的表現，他們都會預期候選人在專業領域具有一定程度的水準，英國的博士學位很重視知識的原創性。在第六章時，我們也將提到所謂的「原創性」（originality），其內涵很複雜，並不容易加以界定。儘管如此，審查者仍舊相當重視博士研究的原創性，並且嚴格要求研究論文應是由學生獨力完成、未曾假手他人的結果。

審查委員在審查工作上的表現，往往也會影響自己的聲望。有些人並不輕易答應擔任博士資格審查的工作，有些人則幾乎是來者不拒；有的審查委員認為口試是對專業能力真槍實彈式的考驗，有些則傾向以朋友般的閒聊型態來進行口試。

在某些狀況下，審查委員本身的聲譽也會影響別人是否選擇請他擔任審查工作，特別是當指導教授有權力做出這項選擇時。細心的學生可能會注意到指導教授會依據學生論文的品質來選擇審查委員。也就是說，假設指導教授覺得某個學生的程度勉強符合標準，他可能會請一個標準比較寬鬆的人來審查；如果他覺得這個學生的研究作品禁得起考驗，他就會請一個要求較為嚴格的人擔任審查委員，自然而然地使這個學生的博士學位更有價值、更成功。這種審查制度並沒有一定的標準，而且也不盡理想。Dr. George在大學裡負責研究生學位資格事宜，他曾一針見血地說：「我個人並不贊成讓一個在學術上不夠專業、或是有良好私誼的人來審查程度較差學生的學位資格，但是我知道這種現象在研究所裡的確存在，連我任教的大

學也不例外。」

大學和研究委員會的目標

　　由英國政府提供資金的研究委員會（research councils）為科學及社會科學領域博士班學生提供獎學金，而英國學會（British Academy）則提供人文藝術領域的博士班學生獎學金。在過去，這些單位對於博士班學生的就學狀況採取很寬鬆的態度，因為他們認為一旦成為博士班學生以後，就應該由系所或指導教授負責為學生指引出一條學術道路。但是這種狀況近年來已經有所改變。

　　一般來說，輟學是博士研究生半途而廢最常見的形式。在過去，輟學率一度偏高，委員會不得不對大學施加壓力。委員會對於「成功修完博士」的定義是，學生正式註冊成為一名全職的博士研究生以後，必須在四年後提出論文，其中各項考試結果並不在考慮之列。

　　英國的經濟及社會研究委員會（Economic and Social Research Council）對此態度特別嚴格，每年都會對各大學進行評估，如果修完博士的比例低於標準，委員會就不再繼續提供獎學金。三年以後，一旦學校能夠向委員會證明有所改進，並且達到一定的水準，可以再度申請委員會所提供的獎學金。除了經濟及社會研究委員會以外，其他的研究委員會也會評估某些特定系所的學生修完博士的比率，以決定是否提供（或提供多少）獎學金。這種看似嚴苛的政策雖然招致許多爭議，但的確能有效地提升修完博士的比率。

　　這種政策的實施使得學校更努力地控制博士班教育的程

序。他們除了評量教授的指導成效、博士研究計畫對學校的益
處之外，同時也會注意研究生的進度和發展等。大學裡的教師
和整個系所必須協力處理相關的博士研究生事務。本書後頭會
指出大學機構相當關心的許多議題。

　　研究委員會的目的在於提高全職博士班學生在四年內完成
學業的比例，而負責執行這個目標的，就是提供博士教育的大
學。

　　當一名博士班學生在四年後提出論文，交由審查委員仔細
地評論並提出建議之後，接下來就是修改論文的階段，學生必
須在期限內完成修改的工作，然後再次提交，方稱得上成功地
完成博士歷程，並且獲頒博士學位。這是研究委員會對於大學
施行約束及獎勵政策所得到的成效。因此，最後終於通過的論
文品質更可能達到比原先更高的標準。

　　從學生的角度來說，這種政策保障了他們的權益，而且也
能夠更有效率地完成學業。當然，學生們也必須確定自己在這
樣的發展下的確有所收穫。不過，這也可能產生一些負面效
果，例如，由於時間有限，學生可能無法充分地進行自己想要
的研究內容。不過，一旦你已經獲得博士學位，絕對會有機會
繼續對感興趣的主題再做深入的研究。

不吻合的系統所衍生的問題

　　一旦我們發現各方對博士教育的期許與看法存在歧見時，
就不難瞭解這樣的系統可能潛藏著衝突的危機。例如，當學生
希望能夠充分地發展某個主題的研究、野心勃勃地希望自己能
有顯著的貢獻時，他可能需要較長的時間。另一方面，如果他

的指導教授非常要求速度，此時雙方很容易就覺得非常挫折。
若兩人對於何者應該視為優先目標無法達成共識，衝突就在所
難免。博士研究生Freddy談到自己和指導教授Forsdike時，他
說：

> 我打算告訴老師，在三月卅一日以後他必須調整我的工作
> 量，這是攸關學位的重要事情。他給我的沈重功課在原本
> 的研究計畫中根本沒有提到，而他要我做的很多實驗和我
> 的論文也都無關。

　　在這個案例中，指導教授期待學生能夠超越對於論文的關
切，從事更廣泛的實驗，但學生顯然只希望專心進行和論文有
關的實驗，以順利拿到學位。

　　如果一個教授喜歡不斷地發掘新問題、在未知的領域中探
索，但他的責任卻只限於督促學生在一定的期限內寫出符合標
準的論文，他可能會覺得這樣的指導工作一點成就感也沒有。
Griggs是一名人文藝術學科的大學教授，她說：

> 我常常覺得攻讀英文博士學位是一件沒什麼價值的事情。
> 如果你真的能寫，你應該寫一本書，但是寫博士論文對寫
> 書根本沒有什麼幫助。花了三年時間去創造、鑽研一個根
> 本不存在的問題，只為了成為一名大學教師，這樣的訓練
> 實在沒什麼價值。攻讀博士的經驗只能算的上是對學術生
> 涯的準備，相較起來，碩士課程還比較好一些。我不認為
> 有人真的會去翻閱這些英文博士論文，如果真是這樣，那
> 這些論文又有什麼意義？

　　對於博士課程的意義，這位教授和學校的看法的確有很大

的不同，她提到自己最喜歡指導的學生類型：

> 他總是告訴我一些我不知道的新事物，這是相當令人振奮
> 的，當然，除了我不知道他說的到底正確與否時。我試著
> 表現高度的熱誠，盡量不令他失望，使自己不像典型的指
> 導教授，他也知道我覺得他是個有趣的人。我會為他引介
> 很多這個領域的專家，讓他需要瞭解更多知識時，可以接
> 觸這些人。我要他三年就完成博士學位，而他認為這是一
> 輩子的事，然而我告訴他研究可以是一輩子的事，但博士
> 課程可不是，他還是應該盡快完成才對。

　　以上的兩個案例都顯示，訂定研究範疇或撰寫論文是需要
互相調整與配合的工作。在指導教授和學生之間，無論哪一方
應該對博士過程負起較大的責任，都不能改變一項事實：必須
要在學生註冊的期間，釐清哪些是恰當、重要而必須做的決
定。

行動要領

1. 瞭解在你的領域中，達到何種標準及成就，方可成為完全專
   業的研究人員，並且有資格拿到博士學位。
2. 閱讀同一領域裡其他人所寫的論文，評估它們的原創性有多
   符合審查委員的要求。
3. 你必須瞭解，剛開始對於研究的熱忱到最後一定會漸漸消
   褪。因此，你需要充分的決心和毅力（而不是小聰明而
   已），才可能完成學業獲得學位。
4. 利用研究委員會對大學在博士完成率方面的施壓，確保自己

在學習過程中獲得充分的支援。

5. 指導教授和研究生要持續地檢討、調整研究範疇和時間限制
之間的緊張狀態。

第四章

如何拿不到博士學位

　　本章我們要探討無法取得博士學位的原因。在此所列舉的案例，絕大部分來自商學領域的博士研究生。然而，根據我們的經驗，它們的確也能夠援用在各個領域，也值得研究生不斷地加以思索。本章舉出七種拿不到博士學位的狀況，你應該反省自己是否正陷於其中的一種處境，更要避免自己重蹈別人的覆轍。同時，我們也要提醒你，就算你知道哪些問題會阻撓你的博士之路，也不能意味著你可以避免這些問題，除非你能夠意志堅決地抗拒這些引人誤入歧途的陷阱。

你不是真的想拿博士學位

　　首先，你可能不是真的想拿到博士學位。這聽起來有點奇怪嗎？想想看，當一個住在頂樓小隔間的窮學生，每個月拿到微薄的補助，不能從事一個正式的工作，只能靠另一半來養活自己，辛辛苦苦地把自己的時間和精力全部花在研究上，想想看，放棄這麼多機會，只是為了拿個博士學位嗎？你應捫心自問：我真的想要讀博士嗎？

　　事實上，身為研究生或指導教授的我們，難道不想變成億

萬富翁嗎？如果什麼事都不用做，甚至連彩券都不用買，就有人給我們幾千萬，聽起來真是吸引人。但是，我們的目標不是成為億萬富翁，不然我們何必為了進行研究、攻讀博士而傷透腦筋呢？還不如去發明補鼠器、炒地皮、寫暢銷小說……。變成有錢人的方法不勝枚舉，但是攻讀博士學位絕對不是其中一種。

同樣的情況，我們來看看攻讀博士這件事情。人們可能覺得成為博士聽起來很不錯，接著，他們會回過頭來問：「有了博士學位，我是不是就可以……？」答案通常是「不行」。博士學程或者博士學位可以提供的，是某一種研究活動的形式（在第五章、第六章將有更詳盡的討論），如果你不想從事這些研究，就意味著實際上你並非真的有志於攻讀博士。這就像是方才我們所舉的例子，想要變成億萬富翁和想辦法賺五千萬是兩回事。

本書的目的是要幫助你獲得博士學位，為了成功地完成學位，你要專心一致，敞開心胸接受自己應該完成的工作，並且有毅力地做下去。就是因為這樣，你更要確定自己是真的希望成為博士，這個決心對日後的求學之路具有關鍵性的影響。例如，某些時候你可能會覺得自己做的一切都不會有成果，所以根本毫無意義，有些時候你也會自問：「我到底為什麼要做這些事？」或「為了我一個人要念博士，家人也跟著辛苦，這樣有意義嗎？」你不能期望在攻讀博士學位時所獲得的內在滿足感（如做自己有興趣的研究、享受和有志一同者討論的樂趣等等）可以幫助你完成這項艱鉅的工作，你還需要一些外在的滿足感（例如你對整個博士歷程的承諾感，或這樣的過程對你未來人生的規劃能有所提升等）。總之，你必須真的想要拿到學

位。

　　很不幸的是，許多人在進入博士班以後，才發現自己不是
真的想要這個學位，特別是那些把攻讀博士當作是求職工具的
人。以下讓我們以兩個案例來說明：

- Iris任教多年，對於多元種族教育主題產生濃厚興趣，
  希望在此一領域能有所發展。然而，她漸漸發覺從事
  研究使她和教書的距離越來越疏遠，因為她對學生們
  偏好科學的測量面之現實狀況無法認同，所以她選擇
  離開學校。
- Jim是一名專門報導工業發展議題的新聞記者，他打算
  往學術領域發展，於是開始攻讀政治學博士，在這期
  間他也在報紙上發表文章以賺取稿費，並且將這些一
  系列的文章集結成起來，當成研究計畫交出去。不久
  以後，他的指導教授要求他從事一項問卷調查，他照
  著做了，但是他卻不願意對調查結果展開分析，因為
  他覺得這樣做一點意義也沒有；的確，以他的觀點，
  這似乎沒有太大意義。於是，他決定不讀了。

不瞭解博士的本質，高估了博士研究的目標

　　博士學生的研究計畫成果常常被形容成「對知識有原創性
的貢獻」，聽起來是否偉大得難以接近？不過，正如我們在第
三章所提到的，基本上，攻讀博士的過程是一種研究技能的訓
練，而所謂「原創性的貢獻」也可以縮小範圍來解釋，它不見
得非得是突破性的重大發現不可。如果一個博士班學生有這樣

的誤解（即使是潛意識或不自覺地這麼以為），他可能總是覺得力不從心，使自己挫折不已。

當然，如果你認為自己有能力做出重大的貢獻，那麼儘管放手一搏（也因此有些科學家得到了皇家學院院士的頭銜（FRS-Fellow of Royal Society），卻不見得拿得到博士學位）！但是，別忘了你的目的是博士學位，而不是榮譽學位。絕大多數的人不會有適合的環境或條件做得到，因此，所謂原創性貢獻的範圍也會有其侷限，大部分是針對一些特定的情況進行研究，例如探討溫度升高時的作用、將某個理論援用在不同的狀況中、解開特定的異常現象、或是研究一個鮮為人知的歷史事件。

講到這裡，有些社會科學學生讀過Kuhn在1970年所著，闡述自然科學歷史的《典範的變遷》，可能會相當不以為然地說：「喔，你的意思是我們博士生只要研究一些正規的科學（normal science）就可以了？」事實上，我的意思正是如此。當既有的科學架構典範已經難以突破，並且已經不合時宜，典範就會改變，但畢竟這樣的情形是比較少見的。正規科學所研究的是一般理論的變遷，或是對既有的理論從事更深入、更精闢的研究，以解開一些尚未被完全瞭解、充分解釋的問題。這是科學家和學者最基本而實用的研究活動，而博士班學生也應樂於在這方面貢獻一己之力。

如果你有意致力於典範的變遷，可以將此作為博士後研究的目標。而這也是實際的情況：相對論是後牛頓時代中最重要的典範發展之一，然而它並不是愛因斯坦的博士論文，愛因斯坦的博士論文主要是對布朗尼動力理論做更深的研究；《資本論》也不是馬克斯的博士論文，他的博士論文是研究兩個汲汲

無名的希臘哲學家。當然，這兩位影響深遠的人物在攻讀博士時，就已經開始為未來的研究鋪路，但不容置喙的是，他們在博士歷程中，主要是展現了對既有典範的駕馭能力。

在第三章提到，博士研究講求專業，一想到這裡，可能有些人就會開始覺得無力，但是一個新典範的出現，是可遇不可求的，有時候你必須要花好長的時間，等待新典範的產生。將博士研究的目標訂得太崇高，極可能落得一場空。以下我們來看看兩個典型的案例：

- Bob相信：如果他在書本或期刊上可以讀到別人從事他自己所要研究的主題，那就稱不上是「真正的研究」。他認為這樣會受到既有框架的限制，最多只能當成是一種補充。他堅持，成為一個創新者的唯一辦法是不要閱讀別人寫過的任何東西（他已經擁有相關領域的學士及碩士學位），他打算坐下來思考，規劃自己即將著手的研究計畫（和成人技術教育有關），他對這方面的實務經驗很有把握，因為以前他曾經擔任工業訓練的工作。然而，由於他對研究方法所知極為有限，以這樣的方式擬訂計畫，反而使他浪費了好多時間。

  當Bob將研究計畫交給指導教授Dr. Bishop時，教授並不滿意。由於Bob的研究目標不是Dr. Bishop特別專精的主題，身為一名指導教授，她很認真地到圖書館查閱過去有關於這方面的研究報告，結果發現有一篇研究和Bob的主題很類似，但是顯然比Bob的計畫來得精彩而優秀，因此她告訴Bob要先對相關的文章和研究有全盤的瞭解，才可能規劃出更好的研究計畫，進而有所貢

獻。但是Bob並未接受老師的建議，他決定放棄。

• 當Phil針對經理人的動機作為實務調查的主題時，他投注相當多的精力。Phil覺得，如果研究結果就像一般論文一樣單調無趣，寫完以後就被打入冷宮，不會有人再多看一眼，這樣真是太對不起這些曾經助他一臂之力的經理人了。他覺得這也是為什麼博士研究常常受到人們嗤之以鼻的嘲諷（當然，除了本身也從事博士研究的人之外）。他認為，有意義的研究必須要能夠把結果散播出去，因此，他想：為什麼不讓博士論文變得和小說一樣有趣，讓人們願意去讀它呢？

於是，他寫信給他最推崇的小說家，向他請益，並且請小說家給他一些寫論文方面的建議。結果Phil多花了一年才寫完論文，在這個過程中，他沒有向任何人透露進度、內容等，因為他堅信一本小說在完成之前都應該保持神秘。最後，當他將論文交到指導教授的手中時，教授認為這根本不是一篇嚴謹、客觀的論文，所以要求Phil重寫，Phil拒絕了。當然，他也沒有拿到博士學位。

我們之所以提出這些極端的例子，並不是要扼殺有意從事博士研究者的信心或興趣，而是希望藉此讓大家了解博士研究的真正目的，避免高估了博士研究的目標以及可以達到的成果。當然這些例子也並非意謂著你不能夠讓自己的博士論文變得有趣或是具有高度可讀性（關於這一點在第六章將有更詳盡的說明）。

不瞭解博士的本質，低估了博士研究的目標

我們發現，對於一面工作、一面攻讀博士，或是已經出社會工作一段時間再回到學校攻讀博士的人而言，常常不能真正瞭解博士研究的本質。基本上，這往往是因為他們不瞭解何謂「研究」；學術領域賦予「研究」的定義，比非學術領域來得嚴苛許多。我們在第五章將深入地探討「研究活動」的本質。在此要注意的是，一般人對於研究的定義是「發現一些以前不知道的事」，但這種定義並不適用於學術領域。我們經常聽到的「市場研究」或「電視節目研究」，其標準和博士研究的要求不同。

博士研究不僅要對事件加以描述，更重要的是分析隱藏在現象或事實背後的解釋。我們必須瞭解，在博士研究的過程中，提出一個適當的問題和為這個問題找到耐人尋味的答案，兩者同等重要。有些人低估了博士研究的意義，在研究中只提出了一些不夠嚴謹或缺乏專業水準的問題及答案（即使看起來好像有道理），還是無法達到獲得博士學位的標準。以下就是兩個實際的案例：

- Tom是一名企管顧問，他決定留職停薪三年攻讀博士學位，以提昇自己的行銷能力。從過去的工作經驗，他發現許多經理人在面臨決策時，他們的時間管理方式，會影響其決定。於是他決定以此作為研究主題，找出方法協助決策者做出更有效的決定。他採取典型的諮詢途徑，和許多管理階層人士溝通、對談，試圖

瞭解他們在決策時所面臨的困難，然後將案例與問題加以整理，並且歸納出一些他認為有效的建議。

過了幾個月，Tom曾經接觸過的研究對象知道他正在研究這方面的主題，……於是向Tom請教相關的問題，Tom覺得自己的確幫助了這些人，因此對自己的研究方向更有自信。他打算以經理人的時間管理主題，將自己的研究寫成書，一方面當作博士論文，一方面也可以出書，藉此成為這方面的權威，畢業後的工作機會也可望增加。

直到第一年快結束的時候，Tom才恍然大悟，即使他的研究對未來的事業大有幫助，出版這方面的書籍也會令他聲名大噪，獲得更多施展專業的機會，但這仍然不是博士研究所要求的，因為他低估了博士研究所要求的標準，他所採取的研究方法也不是博士研究所認可的。當Tom認清了這一點，他認為自己不值得再繼續花時間攻讀博士，於是他決定放棄。

- Chris是一名財務管理人員，他希望以後可以成為一名管理學的教師，因此他決定攻讀博士學位。他打算研究自己公司的財務控制系統，因為他覺得自己相當瞭解公司的狀況，所以做起研究應該會得心應手。但是，他忽略了很重要的一點：研究，不只是為了要找到一個好的答案，首先還先得找到一個好的問題。

Chris並未找到真正適合作為研究主題的問題：當指導教授開始對他提出一些建議，試著告訴他一些可能的問題時，Chris對這些討論顯得興致勃勃，並且就各種問題踴躍提出他的答案。幾次以後，他發現自己根本

不需要再做什麼研究，因為他已經知道問題的答案；至
少他認為這些答案是正確的。更重要的是，當他瞭解
「研究」必須要挑戰既有的傳統觀念、並且發掘新的概
念時，他的熱忱漸漸消褪，當然最後他也選擇了退出。

指導教授不知道博士研究有何要求

對學生來說，低估或高估博士研究的本質，都可能拿不到
博士學位；當指導教授不瞭解博士研究的本質時，也會產生一
樣的後果。在第八章以及第十一章，我們會針對指導教授的角
色進行討論，在這裡我們先簡單說明幾點：第一，不良的指導
方式常常是導致學生失敗的主要原因之一；但是，拿不到博士
學位，學生的損失絕對比指導教授來得慘重，所以，研究生們
還是要自立自強，決定並尋求自己所需要的指導方式。

- Sophia到英國留學，她並沒有實務經驗的背景，她的指
  導教授具有堅強的實務經驗、但是幾乎未曾真正地從
  事任何學術研究。於是，Sophia經常自己埋頭苦幹，偶
  爾指導教授會覺得某些環節很有趣，然後給予Sophia一
  些建議。在這種狀況下，指導教授嚴重地低估了博士
  研究的本質，當Sophia將論文交出去時，外部審查委員
  認為這篇論文寫得太差，根本沒有口試的需要，甚至
  連重寫都不可能會通過。於是，可憐的Sophia只好打包
  回家。

- Shepherd是一位教授，他所指導的學生很少能夠拿到博
  士學位。很多人覺得不可思議，因為Shepherd是一個相

當知名的學者，他聰明機智而長袖善舞，因此也吸引了很多慕名而來的學生。Shepherd教授認為，博士班的學生都已經是成人，應該以對待成人的方式來指導他們，但是他卻忘記一項事實：就學術領域而言，這些博士班學生都還只是乳臭未乾的小孩！他認為指導教授的責任就是挑戰學生的想法、不斷地以新觀念震撼學生的心靈。在研究的過程中，即使沒有這樣的必要，他仍然堅持以這種方式指導學生。Shepherd教授高估了學生的能力和博士研究的本質，使很多學生吃不消，覺得自己的研究主題大到已經完全模糊了焦點，最後只能沮喪不已地宣告放棄。

與指導教授漸行漸遠

正如之前所說的，失敗對學生造成的損失比對指導教授來得嚴重，兩者之間的關係並不平等，因此，學生自己應該要更努力地和指導教授保持聯絡。第三章曾經指出，在博士歷程中，需要指導教授持續性的投入，才能讓學生習得研究技能，並且應用在他們的研究主題中。在第八章與第十一章會更詳細地討論師生雙方的互動，在此我們舉出兩個指導教授和學生失去聯絡的例子，說明其後果的嚴重性：

• Tony進行一年半的計畫陷入僵局，經過和指導教授的長談，他決定要改變研究方向。他的指導教授告訴他，在這個階段才改變方向已經太晚了，他應該繼續做──即使現在看起來，他要做的事情比原本所想的要

多，而且結果也無法如預期般理想。Tony不同意指導
教授的想法，他試著說服指導教授讓他進行較大規模
的修改。指導教授解釋，這樣的做法不太聰明，並且
堅持要他照原來的計畫工作。Tony覺得兩人的意見全
然沒有交集，於是碰面的時間越來越少。四個月以
後，他們已經完全沒有來往。再過半年以後，有人看
見Tony為了躲避從走廊另一端迎面走來的指導教授，
急急忙忙地衝進課堂裡。Tony最後並沒有交出論文。

- David的指導教授Dickinson在她的領域中，是英國數一
數二的研究者，在她擔任David的指導教授將近兩年
時，Dickinson因為一場意外而身亡，指導David的工作
就由另一名有經驗的研究者負責。這位新任指導教授
對David的研究主題並不特別感興趣，對他的態度也不
是很熱絡。

　　David認為自己不需要把目前的研究細節告訴新的
指導教授，他相信Dickinson教授一定會同意他的想
法。在接下來的一年半裡，他在沒有受到任何指導的情
況下進行研究。當他提交論文以後，審查委員認為他的
論文缺乏良好的指導，他們決定只授與他副博士的學
位，而不是博士學位。David提出上訴，不過學校最後
仍然確認了該項決定的有效性。

　　David因為某個不幸事件被迫變換指導教授，不過，指導
教授也有可能因為其他原因而必須離開，使學生必須另外找人
指導。在這種情況下，學生更有責任主動和新的指導教授聯
繫，畢竟指導教授的知識與技能對於學生能否完成博士學位，

具有重要的影響力。

論文沒有「論點」

　　字彙本身也會不斷地發展出新的意義，在今日，「thesis」
（論文）指的通常是為了獲得博士學位而撰寫的研究計畫報
告。你所就讀的大學可能規定學生的博士論文篇幅不得少於多
少個字，或是必須以黑色／藍色／紅色的線來裝訂等。（附帶
一提，這些規定根據各大學或隨著時間都會有所不同，你一定
要知道自己適用哪些規定，見第十章。）

　　然而，「thesis」還有另一個涵義，此一涵義對於博士學
位的本質也具有重要的啟發。「論文」在過去有指稱「論點」
的意思─也就是一個人所支持的主張、所捍衛的立場。
「Thesis」這個字源自於希臘文，原意為「位置」）。舉例來說，
馬丁路德在威丁堡教堂大門貼上「九十五條論綱」（95
theses），以表達他的信念與對抗羅馬教廷的意志，並因此掀起
宗教革命。C. P. Snow提出一個「論點」（thesis），指出英國知
識份子將文學與科學兩種文化加以區隔，兩者之間幾無交集。
本書的主要「論點」則是，攻讀博士學位的學生一定要徹底瞭
解這個訓練過程的目的，以及博士過程的本質。

　　你的博士論文也一樣，它必須提出某個主張。這意味著你
的研究必須有「情節式」的結構，以貫穿、推衍你的論點或解
釋，並且有系統地呈現你得到的新資料，或檢視目前資料的新
方法。當我們面對堆積如山的資料，試著快刀斬亂麻時，往往
擔心自己是否正在丟棄一些有用或重要的素材。然而，「切
題」，是無可商量的標準。為了讓內容更充實，你必須組織資

料。為了加強說服力，你必須總是聚焦在你的論點上。如果你的論文只是一種「有知識的絮絮叨叨」，還是無法符合標準。

你所主張的論點可能包含了幾個假設，每一個假設都需要經過檢測方可證明成立與否。在這種情況下，你必須將它們予以串聯，以便呼應你的主要論點。如果你並不採用這種「假設—檢測」的模式，你仍然要確認所有探討的內容都和你的論點有所連貫。你的論文價值將以此準則受到評估。

寫論文和其他阻礙你獲得博士學位的原因一樣，說比做都容易，特別是初期時，你尚未受到良好的指引時，最容易讓自己的研究內容過於廣泛或過於狹隘。

- Harry開始研究影響企業市場策略的因素。這是一個很大的題目，他只能非常淺薄地處理某些議題。他的論文裡有一些章節的確提出了很好的觀點，但是其他章節的內容則相當貧乏，而且各章節之間似乎沒有任何漸進或彼此增強的關聯。審查委員說他的論文「沒有任何結果」，決定予以駁回。

- Graham是一個志工組織的管理者，由於感到自己對於組織經營的瞭解有限，他決定進入博士班就讀。這個領域的管理者需要進行更多的研究，才能達到專業的要求。他的第一年都花在閱讀相關的管理資料上，並且思考如何把這些想法運用到志工組織的管理上。當他被問及自己的研究能有什麼貢獻的時候，他說他想寫一本關於管理實務的教科書。過了好長一段時間，他才知道，如果沒有論文是絕對拿不到博士學位的。最後他還是心不甘情不願地接受了這項事實。

我們必須強調，重點不在於教科書本身不適用於博士學位，而在於是否缺乏博士論文需要具備的本質。如果一本教科書可以包含一個立論有據且充分的論點——例如，重新嚴格地檢視某些資料，指出某些公認看法的不適當，或以新的理論重新詮釋某個領域並獲得豐碩的成果，則這樣的教科書仍然非常合乎博士論文的要求。

在結束前開啓一份新工作

攻讀博士是一件非常耗費腦力的事情，不管在哪個階段都是如此，特別是在動手寫論文的最後階段。很多學生都嚴重地低估了這個時期所需要的時間和精神，他們以爲經過了文獻回顧、研究設計、資料蒐集與分析的階段以後，接下來的工作就輕鬆多了。事實並非如此。寫論文是整個過程中最需要集中精神的一段時間。

這有幾項理由。第一個是在情緒方面：做完了一些「實際的」工作以後，學生往往無可避免地會覺得自己只剩下一些瑣碎的工作。學生們對於博士研究有一種矛盾的心情，特別是當相關的資料都已經出爐時，他們幾乎無法壓抑心中那股想要逃離這一切的衝動。其次則是智力方面：除非你很幸運，事情全如你所計畫般地發展，否則，在這個階段，你會發現自己的論點、說明或表達方式，還有許多有待修改的地方，這不但是一個考驗專業能力的階段，也最能證明你眞的值得獲頒博士學位。

根據上述理由，寫論文時並不是從事新工作的好時機。地點的轉換經常會使思考中斷，進度因此受到延誤。新的工作很

可能會佔據你相當多的注意力，特別是當這些工作和學術有關時，它會使你的頭腦疲憊不堪，無可避免地成為寫論文時的阻礙。

　　你唯一可能做得來的工作，應該是你本來就一直在從事、或是以前就有經驗的工作，這可以避免過度壓榨你的腦力。在你即將完成博士學位之前，展開另一份新的工作，可能終結你的博士之路，或是至少令你多耽擱幾年，等到你在工作方面都已經非常順手的時候，才能拿到學位（根據我們的經驗，大約要六到八年的時間）。不然，你就只能加入美國人所稱的「準博士」行列了（ABDs，all-but-dissertation，已讀完必修課程並通過考試，只差未交論文的博士研究生）。

行動要領

1. 終結博士之路的七件事：
   ——不想拿博士學位。
   ——高估了博士研究的要求。
   ——低估了博士研究的要求。
   ——指導教授不知道博士研究的要求。
   ——和指導教授失去聯絡。
   ——沒有提出論點（亦即立場或主張）。
   ——在完成論文之前從事新工作。
2. 檢視你自己的處境，看看是否潛藏這些危機，並且下定決心不要落入這些陷阱。
3. 當各種誘惑使你對研究工作的信念開始動搖時，要適當地再度建構自己的決心。

第五章

如何做研究

什麼是研究？這個問題看起來很簡單，其實不然。本章我們將試著探討這個問題，並且檢視研究和博士本質之間的關聯。

研究的特色

首先，我們從最基本的一個看法出發：研究就是發現原本所不知道的事物。這個答案可說既廣泛又狹隘。說它廣泛，是因為這樣的說法可能包括許多活動，如查詢下一班前往倫敦的火車時刻，或是測量游泳池的水溫，這些活動自然稱不上是研究。如果我們測量水的pH值是酸性或鹼性，這可以說是研究嗎？

然而，上述對於研究的定義也是過於狹隘，因為事實上有許多研究並不是去「發現原本所不知道的事物」，而是「發現原來你並不知道某些事情」，這一類的研究重新定位我們的思考方式，使我們了解自己不知道的事，以新的觀點檢視複雜的現實。

在探究研究的本質時，我們必須先將研究與另一種活動區

分：情報蒐集（intelligence-gathering）。

情報蒐集──有關「什麼」（what）的問題

有很多我們不知道、但是可以想辦法去找到答案的事情。英國高等教育的博士班學生在年齡、性別或研究主題上，呈現怎樣的分佈狀況？全國各地區的輻射程度爲何？國民生產毛額（GNP）中花在科學研究方面的經費有多少？在回答這些問題之前必須先清楚名詞定義，以中立的態度蒐集資料、縝密仔細地從事統計工作、並且嚴謹地提出結論，有條不紊地說明這些問題的狀況，用會計方面的專業話語來說，就是勾勒出一個「精確而公正的圖像」。爲了達到各種狀況的可比較性（comparability），研究者可以依循既有的常規或慣例──例如：測量高溫的方式、對於金錢供給的定義、或是以基因爲準的兩性分類方式。然而，專家們對於「公正」的看法常常有所分歧，因此研究者有時候還是無可避免要做出一些較武斷的決定。例如到目前爲止，對於如何定義、計算、歸納失業人口或大氣層對輻射線的承受力，仍然有高度的爭議性。

由於回答有關「什麼」（what）的問題經常是敘述性的，因此，以軍事用語來說，這可以視爲「情報蒐集」的活動，而情報是有價值的商品。舉例來說，一家公司的財務損益、全國各地的輻射線等級分布圖、博士班學生評估自己所接受的指導等，這些都是有重要用途的情報。

我們可以用損益狀況來規劃財務控制系統，輻射線等級分布圖可以作爲核能政策的參考，博士班學生對指導內容的評估可以協助學校訓練或選擇指導教授。情報最典型的用途在於管

理機制、政策形成及決策訂定各方面。這些有關情報蒐集的活動非常重要—但是他們並不是所謂的「研究」。

研究—有關「爲什麼」（why）的問題

　　研究不只是描述性，而且需要具備分析性。研究所尋找的是解釋、關聯性、比較、預知、歸納的結果與理論。這些是關於「爲什麼」的問題。爲什麼物理系的女性博士研究生比生物系少了許多？爲什麼不同區域的輻射線等級會有所差異？爲什麼英國每人的國民生產毛額成長速度比歐洲其他國家緩慢？

　　就像政策制定或決策訂定一樣，如果要找出上述問題的解答，都需要先仔細地蒐集情報。然而，這些資訊的目的是爲了對某些現象有更深入的了解，其方式包括比較、找尋相關因素、形成理論或驗證理論等。所有的研究活動幾乎都和概括化（generalization）脫離不了關係。有用的研究，應該能夠對所有類似的情況提出合理的解釋。

什麼是好的研究？

　　一項稱得上優秀的研究，應該具備三個特色，這些特色也是使研究活動和其他類似活動（如情報蒐集或決策制定）有所不同的地方。

研究必須奠基於思想的開放系統

　　基本上，身爲一個研究者，你必須是整個世界的主宰，你擁有無邊無際的思索權力，沒有所謂不可思議的事情，更沒有

封鎖性的死巷，以美國人的俚語來說就是「隨手捻來皆有物」（「Everything is up for grabs」）。研究者們不斷地驗證、檢討及批判彼此之間的研究結果，這些努力是形成「思想」的重要方式之一。傳統的知識和教義也不能免於接受檢驗，因為它們可能有不當之處。當然，它們也可能因為禁得起考驗，而持續地屹立不搖。這也是為什麼非研究者經常認為，研究結果就是顯示既有知識裡明顯或瑣碎的細節。這些檢驗必須不斷地進行，如此才能不斷地發掘潛藏的細節，以及不尋常的微妙之處。研究的這項特質之重點在於：一位研究者最佳的立足點，不是知道正確答案，而是努力找出可能正確的答案。

研究者嚴格地檢驗資料

　　這個特性顯然是上述特質的一部分，我們將其獨立出來，是因為當我們試圖區別研究方法或研究者與其他外行人的時候，這可能是一個最重要的特性。研究者必須嚴格地檢視資料的內容和來源，因此，對於某些爭議性較高的言論（如「女性在管理方面的成效不如男性」；「溫和的毒品和酒精一樣，對健康的傷害較小」），基本的研究方法不是同意或不同意，而是要問：「你的證據是什麼？」

　　研究者總是要不斷地問：你獲得的事實是可靠的嗎？我們可以得到有用的資料嗎？這個結果有沒有另一種可能的詮釋方法？非研究者經常覺得自己沒閒功夫想這些問題，對從事研究的人也顯得沒多大耐心。例如政治人物或經理人經常需要在民眾與時間的雙重壓力之下做決定，對他們來說，行動比理解重要。研究者則不然，他們的目標是了解與詮釋問題，所以必須不厭其煩地努力得到有系統、有效、且可靠的資料。

研究者須詳述其概括性論點的限制

　　研究的目的是為了建立具有效力的普遍化原則，因為這能夠使人們對事情的理解極為有效地運用在各種適當的情況裡——不過，這並不是一件容易的事。小說家Alexandre Dumas（他並不是研究者）說：「所有的普遍化原則都是很危險的。」確實，研究可能導出一個具有洞見、但也危險的普遍化原則。因此，普遍化原則應該有其限制——何時可運用，何時不可運用，這些限制應該不斷地受到檢驗。

　　建立普遍化原則的最佳方式是將情報蒐集轉化為研究。因此，我們又回到了本章一開始的問題：測量游泳池水的酸鹼值是研究嗎？這個問題的答案必須視我們將如何運用測量的結果而定，而不是我們是否用很複雜或夠科學的方式來進行測量。如果這項測量工作是為了檢驗有關影響酸鹼值因素之理論，它就是一種研究。如果測量酸鹼值是為了知道游泳池是否安全，那麼它就是情報蒐集。

研究的基本類型

　　傳統上將研究分成兩種類型：純研究與應用研究。這似乎意味著純研究是理論的來源，而應用研究指的則是在實際世界中對理論加以驗證或運用，我們認為這樣的分類恐怕僵化了大多數學科的實況。例如，透過對「真實世界」的研究，也能產生理論，而非只是真實世界單向地運用「純理論」。我們應該考量研究的三種層面：探勘、驗證、解決問題，不論是質或量的研究，都適用這樣的分類方式。

探勘性的研究

這種研究類型處理的是所知有限的新問題／議題／主題，因此研究的概念並不能在一開始就完全成形。研究的問題可能從學科裡的任何一部分中發現或衍生，它也許是一項理論性的研究，也可能構築在實際經驗的基礎上。這種研究工作必須檢討理論和概念的適當性，需要的話，則必須建立新的理論或概念，另外也會檢討既有的方法是否具有適用性。顯然，這種研究希望藉著推翻原來的知識，發現有用的新事物。

驗證性的研究

在這種研究類型中，我們試著找出過去的普遍化原則有何限制。如上所述，這是一個基本的研究活動。這個理論是否適用於高溫狀況？在新的技術產業中又會如何？勞動階級的父母？尚未採用全球性經銷之前？驗證性的研究永遠做不完，也有不斷進行這類研究的必要，因為唯有這樣，我們才能藉由明確化、修正、闡明等方式，改善每個學科所建立的重要、卻也危險的普遍化原則。

解決問題的研究

這類型的研究從「真實世界」中的某個問題出發，結合所有可能的情報，試圖找出解決的方式。研究者必須定義問題，並且發現解決的方法。他應該能夠逐步發現具有原創性的解決方式。由於真實世界的問題很可能非常複雜而紊亂，因此這類研究通常會牽涉到各種不同學科裡的理論和方法，而不能在某單一個學術科目中就找到解決方案。

博士研究適用哪一種類型的研究？

我們在第四章已經討論過各種可能讓你無法取得博士學位的陷阱，現在我們則以正面的角度，討論如何才可以獲得博士學位。先思考一下上述三種研究類型：從事哪一種類型的研究將使你最有機會成功地取得博士學位？記得我們曾經提到，基本上，博士研究是一種訓練，目的是為了讓你從一個新手變成為完全的專業者。事實上，所有的研究都必須在某些限制下進行，博士研究的限制則又特別嚴格，有關於研究經費、實體資源、行政支援以及時間長短，都有明確的限制。因此，在你攻讀博士時，究竟應該選擇哪一種研究類型才適合呢？你不妨花點時間思考一下有哪些理由可以幫助你做決定。

不過，在此我們希望你能了解為什麼驗證性的研究是最適合的一條路。在這種研究類型中，你可以在既有的架構中進行研究。在某種程度上，你的想法、論點、測量工具等都有所依據，你可以在受保護的環境中學習做研究的功夫。適當程度的保護能夠達到最有效率的學習成果：縱身跳入茫茫大海中也許勇氣可嘉，但是卻很可能遭到海水無情的吞噬！

當然，只是重複別人做過的事並沒有意義，你還是必須有原創性的貢獻。舉例來說，你可以採取某種已知的方法來探討新主題，藉此，你能夠提供新知識或是產生對理論的新洞見。或者你也可以將兩個抗衡性的理論運用在新的情境中，看看哪一個理論比較有力，或是設計一個重要的實驗，驗證如何從兩者之中取其一。因此，你必須為原來的方法或理論找出一個創新的變數。在驗證性的研究中，你仍然保有了充分的探勘性元

素，甚至還能同時為你的學科解決某些問題。在學術研究中，驗證是一項必須不斷進行的基本工作，如果能在這方面有所成就，很可能被視為一項具有重要意義的研究，甚至有出版或被引用的機會。

另一方面，處理一個尚未建立觀念或架構的調查主題，或是解決一個真實世界的問題，看起來都非常吸引人。（特別是對於社會科學領域的學生來說，他們經常有種錯誤的印象，認為大學時的學習已經足以使自己充分了解某學門的知識，因此應該可以處理各種主題。）

這類型的主題的確具有吸引力，但是你必須了解，貿然從事這類研究將背負多大的風險。如果你有充分的實務經驗，同時獲得了指導教授的強力支持（當然他也必須投注更大的心力），使你對於探勘性研究或解決問題研究充滿了信心。但是無疑地，由於這類主題通常都還沒有明顯的結構，也需要更多專業而進階的研究活動，因此，研究生們還是應該仔細考慮，在還走不穩的時候就想跑，是否操之過急？

另外，就算你所進行的探勘性研究或解決問題的研究，真的可以使你取得博士學位，但是，無可避免地，其中有相當高度的因素是你的「勇於嘗試」（好心的審查委員會找各種理由讓學生通過）。因此，在這種情況下，你的研究並未具備很大的影響力，也比較沒有機會發表或受到引用，這是另一個和驗證性研究之間的差異。對於你的研究生涯來說，這也不是一個好的基礎。聰明的學生會在獲得博士學位以後，才盡情地享受完全原創的喜悅。

做研究的技巧

做研究是一種必須從「做」中學的技能。當你決定自己要在哪個領域學習研究技能時，你也應該有系統地考慮：如何在每一種技能元素中，獲得你所需要的訓練。

這會依你的學科而有所差異。因此，你首先應該向相關領域中的優秀研究者看齊，並且有系統地紀錄他們所採用的技巧與技術。幸運的話，你的指導教授就是其中之一，但是你仍然要盡可能地把握機會從其他人身上學習。

其次，你必須盡可能地練習這些技能，並且獲得他人的意見。對成人來說，在適度控制、沒有威脅性的環境中勤加練習並且獲得回應，是最好的學習模式。因此，你的原則應該是：你必須事先練習運用那些和你的研究計畫有關的程序、技術或技能。你應該事先進行一些非論文性的練習，以避免造成過大的壓力，才能讓自己學得更好。事先的嘗試性練習也會讓你了解自己有多少能力執行專業研究的技能。你將獲得指導教授和其他專業人員（例如電腦人員）的回應，同時你也會進行自我評量。

你可能覺得奇怪，這個原則聽起來非常有道理，爲什麼我們還要大費周章地說明，畢竟誰都知道熟能生巧的道理。想要表現得好，就要勤加練習。一個藝術系的學生不會期待自己首次的油畫作品可以在皇家藝術院展出。一名詩人也不會預期自己的第一首詩能夠被刊登。這些作品都只是學習過程中的試金石。

然而，實際情況是，關於博士技能的議題經常受到冷落。

如果除了考試時的申論題、期末報告或研究報告以外，學生沒有任何撰寫長篇大論的經驗，可以想像的是，一部篇幅五、六萬字的論文，會是一件多麼令人望之生畏、難以達成的任務。在你剛剛完成重要的實驗或調查、準備對結果進行分析的時候，你應該先加強自己相關的技能，而不是一股腦兒地享受把資料輸入電腦或從電腦中取得資料的樂趣。你第一次設計的問卷可能不夠縝密，如果以此作為博士論文的基礎，顯然不是個理性的做法。然而，大多數的人卻經常犯了這樣的錯誤，而且終究要為這份設計不良的問卷付出代價。

有許多範例可以說明博士研究生需要具備哪些技能。這些技能有些看起來非常普通、但是卻很重要（例如：保養研究室儀器、以電腦進行文獻的搜尋），也涵蓋很多高度概念性的工作（快速地評估已發表作品的重要性與價值）。你必須知道自己所需要的技能為何，並且找機會多加磨練，才能信心十足地將其運用在論文研究上。

自助與同儕的支援團體

對很多人來說，攻讀博士是一條充滿了孤單與寂寞的路。但是，你可以有其他的選擇。如果你可以和其他與你處境相同的人定期地聚會，你會發現自己在幾個不同的層面上，會得到助人又助己的效果。

首先，你毋須把自己關在一個寂寞的牢籠中、覺得沒有人在乎你的研究工作、沒有人關心你對這個博士學位的感受。當你覺得沮喪或氣餒、甚至認真地考慮放棄時，你會發現，這並不是你一個人的問題，也不是因為自己能力的不足，而是所有

研究生幾乎都必須歷經的低潮。一旦你了解大部分的研究生都和你有一樣的感受，你將能以平常心的觀點來面對、度迆這段時期，而不致於妄自菲薄地走向放棄一途。

　　如果你可以和別人分享這些感受、討論這些感覺對你的工作造成哪些影響，你也比較容易釋懷。以群體的力量來面對問題，你可以從別人身上獲得協助。同樣地，當他們面臨和你一樣的問題時，也能夠從你的經驗中找到因應之道。這種互助模式聽起來是否像是戒除酒癮的互誠協會？事實上，他們的確很類似，唯一的不同是──你的目的是爲了**繼續做研究、寫論文**，而不是爲了放棄某件事。

　　你可以藉著群體或同儕（只要是和你處於博士研究類似階段的研究生就可以）的力量，**幫助你在期限內完成工作**。你們彼此分享工作的進度並且訂定完成的期限，這種約定能夠刺激你的工作動機。當約定的日期一到，你們可以討論彼此的進度。如果已經完成預定工作，當然可以再爲下個階段的工作內容設定一個期限。如果工作進度不如原先預期，此時應該找出原因、反省工作心得。這可能是因爲一些突發性狀況，也可能是因爲當初擬定期限時太過樂觀，所以你並不一定非得堅持原來的計畫不可，只要這些原因不是出自於合理化或爲自己找藉口，那麼你就毋須過度擔憂。然而，如果你對於無法如期完成工作感到心灰意冷，那麼，一旦你釐清了原因，就可以爲未完成的工作內容再度設定一個新的期限。

　　組成一個由兩個人以上組成的群體進行交流，還可以提供另一個正面的作用──對彼此的書面作品提出評論。交流的各方不一定是同一學科的人，只要你們對彼此的領域具備概括性的認識即可。通常你們可能是同一個學院裡的博士研究生，所

以你們並不一定要對彼此的研究主題有深入了解。舉例來說，Evelyn學的是社會心理學，Joyce則是研究地理學，即使兩人對彼此的學科一無所知，她們仍然可以互相幫助，互讀對方論文草稿的章節。由於她們都是社會科學領域的學生，至少知道社會科學適用哪些研究方法或統計方法，同時她們都具備英文讀寫的能力，以上兩點就足以讓她們在論文寫作的過程中不斷地相互扶持。讀過對方的稿子以後，她們提出自己不了解的問題，並且加以討論，藉此釐清思考，並且試著用更簡單的方式說明。她們也會指出某些過於複雜的構句，或令人困惑的邏輯。他們藉由互相學習，使自己的研究更為精練，同時也可能對彼此的研究逐漸發生興趣。她們都認為，如果沒有這個兩人的互助小組，絕對不可能在期限內完成論文、並且獲得博士學位。過了好些年，她們仍然維持堅定的友誼，並也保存了彼此的論文備份。

電子化的同儕團體

你可以透過電子郵件和網際網路建立人際網絡，以降低自己的孤立感。瀏覽網際網路能夠使你發現許多和你的領域有關的研究會議，你可以加入這些會議，並且適時地貢獻自己之所能。在網路上有很多由各領域之博士研究生組成的專家會議。除此以外，透過大學裡的圖書館，你還可以在www.thesis.com查閱論文。

在英國，你應該儘早和國家研究生委員會有所接觸，這將有莫大的助益。這個委員會的目標是討論有關於研究生的各種議題，並且讓你掌握其他大學的最新發展。同時，它也會為你和指導教授或系主任之間找到討論的話題或大綱。包括：博士

研究生的行為準則、博士研究生兼任教職的事宜、研究學位的上訴問題、博士研究的適應與設備等。該委員會設有網站（www.npc.org.uk）與電子會議（postgrad@mailbase.ac.uk），每年都會舉辦研討會，並且也贊助發行以博士班學生研究為主題的研究教育期刊（Journal of Graduate Education）。

行動要領

1. 你應該仔細地考慮選擇「驗證性研究」作為你的博士論文種類。

2. 你除了仔細觀察以外，還要和指導教授及其他教師討論，以了解自己應該具備哪些技能，才能在你的學科中成為一名專業的研究者。

3. 你必須事先練習、運用那些和你的研究計畫有關的程序、技術或技能。

4. 至少和另一個博士研究生建立一個同儕支持團體，以便互相提供意見與鼓勵，並且監督彼此的進度，以符合期限之要求。

5. 參加電子同儕團體，以擴展你的接觸網絡。

第六章

博士論文的形式

在第四章，我們曾經提到幾種拿不到博士學位的關鍵因素，其中一個是學生或指導教授不明瞭博士學位的本質。為了證明你的專業，你必須具備做研究的能力（如第五章所討論），才能讓審查委員（亦即指導教授的同僚）相信你可以在專業的學術領域裡悠遊自若。

因此，「對知識有所貢獻」聽起來似乎很有道理，但卻又非常模糊，學生看了不免心慌意亂。這也是本章的目的，我們將討論哪一種形式的博士論文可以真正地「對知識有所貢獻」。

了解博士論文的形式

首先，就像討論博士的本質一樣，我們必須先解釋：為什麼從行政或官僚的觀點，很難憑著三言兩語就清楚地說明博士論文的要素是什麼。舉例來說，大學機構在制定有關博士學位的各項規定時，必須考量這些規定是否適用於從阿拉伯文到動物學（Arabic to zoology）的所有學科，因此，這些規定不免非常地形式化，也無法顧及每一個在不同時間、不同領域攻讀

博士的研究生之特殊需求。實際上，訓練過程的目的在於精確地讓你站在某個位置，能夠評估博士學位所需具備的條件，並且加以實踐。

然而，從某種非常抽象的層次來說，博士論文的確具有一定的形式，此形式獨立於內容之外，而且適用於所有領域。我們不妨以音樂裡的奏鳴曲來比擬論文的形式—奏鳴曲是曲式的結構，而非內容。海頓寫奏鳴曲，約翰藍儂或保羅麥卡尼也寫奏鳴曲。因此，儘管奏鳴曲的內容有無數種可能性，但是卻無法涵蓋所有音樂的類型，例如德布西（Debussy）和布瑞頓（Britten）就不寫奏鳴曲。在爵士樂裡，喬普林（Scott Joplin）採用奏鳴曲的形式，但是貝德貝克（Bix Beiderbecke）則不然。博士論文也一樣，儘管有特定的形式，但卻非所有的研究都遵循這種形式，你應該注意研究裡究竟包含哪些元素。

在博士論文形式中，作者必須考量四種元素：背景理論、焦點理論、資料理論、和貢獻。

背景理論（background theory）

你的研究座落在哪個範疇內，你就必須非常了解這個範疇裡的知識領域。換句話說，你必須達到這個領域裡所要求的高度專業水準。因此你要能夠掌握現況，了解目前主要的研究者們所關心的發展或爭議，對於任何突破性的進展都保持警覺性，以藉此不斷地推動自己在這個領域的成長。

最典型的做法是回顧相關文獻。不要忘記，你的目的不是為了回顧文獻而遍覽群書，而是為了對理論背景能達到專業水準的了解。如第三章所說，當你表達的見解，能夠吸引同一領

域中的專業人士，引起他們對你的看法產生興趣，這便是所謂的「專業」。因此，你必須採取有效的方式去組織各種資料、評估前人的研究成果（當然也包括反駁他人的批評）、了解研究趨勢、認清理論和實務上的弱點。當你具備這些能力，就證明你對於背景理論有高度的嫻熟。

博士研究生千萬要注意，如果只是百科全書式地列出所有研究題目和簡要的內容說明，卻沒有透過理性思維將文獻加以組織或評估，表示你的努力還不夠，自然無法達到博士學位對於專業的要求。就好像考駕照一樣，如果應考者的全程時速都低於廿英哩，這意味著他信心不足、沒有能力駕馭汽車。同樣的，身為一名博士生，你必須透過回顧文獻的活動，證明自己有信心、有能力掌握相關的背景理論。

回顧文獻可以讓你對某個學科的需求或標準，建立清楚的概念。你所回顧的文獻應該包含年度性的評論，或總結新近的相關研究。以生化、社會學的年度報告為例，其中包括許多主要學者對於背景理論的檢討，因此，你可以透過年度報告了解學者們如何充滿啟發性地評估、表達或釐清自己的主題。你應該向這些標竿性的研究者看齊，以他們的成就作為努力的目標。

焦點理論（focal theory）

博士形式的第二個元素是「焦點理論」。在這個部分裡，你必須詳細而精確地說明自己的研究，以及研究的目的。首先你要釐清問題的本質，然後著手分析問題。擬定適當的假設、檢討他人的論證、運用自己的資料與分析、循序漸進地進行討

論，這些都是在焦點理論部分要達成的重要任務。

當你在鋪陳焦點理論時，切忌天馬行空、毫無節制，務必要將論文控制在有限的範圍內。唯有這樣，你才能夠清楚地突顯論文的「情節」（story line），並且讓焦點理論分別將研究中的每個部分串聯起來。你所使用的資料和證據必須有效地支持你的論點，這是你在決定納入哪些資料時所依據的準則。因此，你要注意，別讓一些枝微末節或無關緊要的內容模糊了你的論點，它們並無助於讓你的論點站得更穩。論文的焦點理論一定要清晰明確！

資料理論（data theory）

博士形式的第三種元素是資料理論。一般來說，資料理論是為了證明你所採用的資料，對於論點的確具有重要性與有效性。同一領域的研究者在評估你的論文時，經常會提出一個關鍵的問題：「為什麼我們要相信你？」此時，你必須提出明確而有說服力的答案。

不同科學的資料理論彼此之間雖然差異甚鉅，但是無論如何都和適當性及信賴度有關。在自然科學領域裡，你必須證明研究儀器經過了精確的校對程序，並且有足夠的敏感度能偵測各種結果。如果是有關歷史的研究，則必須證明你所使用的史料適切，而且詮釋得當。倘若是社會科學領域，則你或許就得探討知識論，提出一個能夠為你的研究背書的詮釋架構（如實證主義或後現代主義）。

針對你自己的研究論文，進行適當的資料理論探討，也是你必須實踐的專業任務之一，你可以和指導教授的討論，也可

以瀏覽相關領域中最新的研究報告，或是參考成功的博士論文，以這些方式來建立自己的資料理論。

貢獻（contribution）

博士論文的最後一個元素必須要對該論文的貢獻加以說明，通常是由你自行評估此論文對於該學科的發展有何重要性。在這個元素中，除了強調此項研究的意義以外，也可以指出其侷限所在，並且對未來的研究方向提供建議等。另外，這個部分通常會說明背景理論與焦點理論和該項研究結果之間有何異同，並且分析造成差異的原因。所以，往後的研究者（當然也包括你自己）必須考慮此項已知的研究結果，方能決定自己要從事的研究內容。

或許對你來說，評估自己的研究、指出自我侷限或以此眺望遠景，似乎有點彆扭。你是否覺得自己的研究無懈可擊？你的看法是否多少會有所偏差？然而，我們在第三章便不斷地強調博士學位的意義：你不是為了研究而研究，而是為了證明自己是一個專業的研究者，能夠精確地掌握研究領域的最新狀況，並且有能力評估各項新的發展—包括對於自己或他人的研究。這也是為什麼你要攻讀博士的原因。

在實際的論文中，這個元素常常出現在最終章節，不過它的重要性卻不容小覷。在第四章我們指出，完成論文需要的時間常常超乎預期，實際上，根據我們的經驗，當學生們首次呈遞論文，卻被要求重新提交，最常見的理由就是研究內容不夠充分。

博士班學生必須格外小心，別讓自己落入「結論」的陷阱

中。當你把論文最後一章的標題訂為「摘要與結論」
（Summary and Conclusions）時，你可能並不很清楚所謂的
「結論」究竟是什麼，而且無可避免地會將重心放在摘要上。
等你到了這個階段時，對整個論文的細節幾乎瞭若直掌，寫起
摘要來自然有如行雲流水，不免有欲罷不能之感。當你幾乎完
成了末章的摘要時，或許會覺得以一個簡短的結論為論文畫下
句點，似乎是個不錯的方法。本書作者之一的Derek S. Pugh發
現，很多論文都在過度地鋪陳摘要以後，才在最後一頁出現結
論，其中甚至還有人只在最後一段用三言兩語就交差了事，只
留下令人錯愕的結論。當然，這種結論並不符合標準，所以這
些論文也因為有必要再加以充實而被退回。

因此，以下兩點是很重要的：

• 摘要和結論是兩回事，為了強調兩者的差異，我們建
  議將他們分別放在不同的章節。大部分的時候，撰寫
  結論所需要投注的心力比摘要來得多。

• 你必須釐清「結論」在論文中所扮演的角色：結論的
  目的在於說明此研究結果和背景理論或焦點理論之間
  的差異。

原創性的概念

本節的目的在於幫助你了解：「原創」並不難。當你逐漸
了解各種關於原創性的定義以後，應該會對自己的原創力比較
有信心，也會相信自己能夠滿足審查委員的要求。

博士學位的頒發對象是「對知識具有原創性貢獻」（an

original contribution）的人，此外，很多大學會給予負責評估的審查委員一些指導性的方針，其中不乏「獨力完成研究」、「重大貢獻」及「原創性」等字眼。然而，如Francis（1976）指出，你可以用各種不同的方式表現出原創性。

　　Francis是土木工程系的水力學教授，根據他的觀察，學生的原創力可以有八種不同的表現方式，不過，我們只同意其中的六項，茲列出如下：

1. 首度以書面著述某項重要的新資訊。
2. 延續一個具有原創性的研究。
3. 執行指導教授所規劃的原創性研究。
4. 在一個雖非原創但卻具有重要性的研究中，提供具原創性的技術、觀察或結果。
5. 在該研究的啓發下，使其他人提出很多具有原創性的想法、方式或詮釋。
6. 以具有原創性的觀點檢視他人的思想。

　　Francis並且下了一個結論，他認爲審查委員對於原創性有模稜兩可的詮釋，這也是頒予博士學位與否的決定性要素。

　　後來的研究則透過與學生、指導教授、審查委員的訪談，進一步歸納出九種對於博士研究之原創性的定義（Phillips 1992）：

1. 進行從未有人做過的實證研究。
2. 創造從未有人做過的綜合研究（Synthesis）。
3. 重新詮釋已知的素材。
4. 嚴格檢視國外已經做過、但尚未在國內進行的研究。

5. 將某項技術運用在一個全新的領域上。

6. 為舊議題找到新的證據。

7. 以跨學科的方式及不同的方法論進行研究。

8. 檢視某學科中尚未被探討的新領域。

9. 以前所未有的方式為知識再做補充。

　　綜上所述，原創性至少有十五種不同的定義，這毋寧是一個令人振奮的消息。因為，這意味著你至少有十五種可能的方式表達你的原創性，遠比遵循某單一的原創性定義來得有彈性多了。

　　事實上，學生和指導教授之間對於原創性的定義缺乏共識，這往往才是問題之所在。有時候學生和老師雖然用同一個詞彙，然而，由於雙方未必討論過某個詞彙的定義，因此，很可能他們所指稱或描述的概念並不一樣。此外，通常大學教師並不認為具備原創性是很困難的事，因為他們知道原創指的未必一定是檢視某學科或主題的全新觀點，只要學生能夠對該領域的知識有一小步的提升，就足以稱得上是貢獻。可惜的是，指導教授通常不會告訴研究生這一點。

　　研究生從進入博士班以後，對於原創性的看法也會逐漸改變。剛開始的時候，研究生可能會說：「我有點擔心，我不知道自己有沒有創意。」到了第三年，學生卻很可能說：「現在我知道每天都有一些小小的進步。在這之前，我很擔心自己不夠有創造力。」因此，在這條研究的路上，學生日積月累的進步，漸漸使他們掌握了原創性的重點。不過，指導教授對於學生在這方面的領會，並未提供太多協助。不過，要小心的是，一旦學生克服了剛開始對於論文原創性的恐懼感，也要小心可

能會走向另一個極端，以致於認為博士研究根本一點創意也沒有。不過，一般來說，學生不再為原創性感到焦慮時仍然是件好事。本節應該有助於提早（而非太晚）建立你對於原創力的信心。由於頒發博士學位的理由是「對知識具有原創性貢獻」，所以原創性仍是一個必須謹記在心的重要概念。

細部結構與章節標題的選擇

　　或許會有人告訴你怎麼樣才算是最「理想的」論文篇幅，你大可忽略這些說法。一篇論文只要長到足以說明你做的事、你為什麼這麼做以及從研究結果中你得到哪些結論，就算是一個充分而完整的研究。不必崇拜那些多達兩鉅冊的論文，通常這一類論文會被評為「寫了那麼多，只是為了掩飾做了那麼少」（通常，這種評論是有道理的）。事實上，你可能採取「長話短說」的原則，不過，如果這意味著你必須用晦澀的文字或複雜的句法，你應該放棄這樣的原則。

　　一篇論文應該涵蓋相關文獻的回顧、說明已經完成的工作及其衍生的研究、對於這些成果的探討，歸納出結論，並且對未來的研究方向提出建議。明白地說，這些內容就是：

　　　　導論（包括目標的陳述）

　　　　文獻回顧

　　　　方法

　　　　結果

　　　　討論

　　　　結論

根據不同的學科和主題，你可以依此架構再將論文的章節分得更細一些。除了主要的這幾個部分之外，你還可以在最前面加上摘要，概述你的研究，幫助審查委員更容易進入狀況。在摘要中，你必須清楚地陳述此一論文所探討的問題，一旦審查委員對於內容有了正確的期待，就能建立閱讀論文時的參考架構。最後你應該列出詳細的參考書目，並且將各種不適於放在論文本文中的圖形、表格、數據等資料製成附錄以供參閱。

你所就讀的大學對於論文的外觀也會有詳細的規定，包括封面的措辭以及頁邊的空白寬度等。此外，大學也會有關於裝訂方式或繳交份數的規定，你一定要正確地掌握這些資訊，以免到最後關頭因為疏忽了一些瑣碎卻重要的指示而手忙腳亂。

當你對於這些形式上的規定有了全盤的瞭解，就可以準備享受寫論文的樂趣了。在你為了達到指導教授和審查委員的期望、絞盡腦汁擠出千言萬語時，相較之下，為章節取個貼切又響亮的標題就顯得有樂趣多了。甚至連為論文命名都可以變成苦中作樂的最佳時刻。千萬別選擇枯燥無味或冗長的敘述性標題。當然，標題必定要和內容密切相關，儘管如此，這並不代表你非得用一個無趣乏味的標題。試著找一個可以刺激讀者閱讀慾望、引發審查委員好奇心的標題吧。

有一名指導教授不斷地告訴他的學生，他希望讀到一本有挑戰性、可以當成床頭書的論文。這本論文是如此地引人入勝，以至於讓他讀到深夜兩點都還不忍釋手，深怕會因此破壞流暢的文氣。聽起來也許有點像是不可能的任務，不過，你不妨以此為目標。事實上，這意味著你應該在無損準確性與不失精髓的前提下，捨棄隱晦艱澀的語句，盡可能地使用淺顯易懂的文字。避免使用結構複雜的句子，例如層層包裹的子句。你

的目標是清晰、原創及完整。記住，專家也是人，沒有人能夠從文體過度浮誇的作品（turgid prose）中享受閱讀樂趣。

撰寫論文

論文是博士研究所呈現的最終結果，你數年來的研究工作成敗就由最後的論文決定。然而，寫論文並不等於報告你的研究結果。在這個重要的階段，學生們往往歷經巨大的困難與挫折。

Wason（1974）曾指出，很多研究生在以書面形式呈現研究結果時，容易犯上拖泥帶水又支離破碎的毛病。Baddeley（1979）也指出指導教授在訓練、指導學生寫作時所遭遇的困難。因此，除非指導教授在這方面特別受過訓練，過度地期待指導教授是不大實際的想法。不過，Murray（1978）倒是提供一個提升寫作技巧的建議。他認為學生應該多寫幾次報告或章節的草稿，先將這些草稿各自分離之後再依序進行整體性的檢討，看看後來的草稿有沒有比之前所寫的東西更精練、更有效。

事實上，在寫作上，修改是一個非常重要的歷程，作者們通常在反覆閱讀與重寫的過程中更清楚自己應該寫些什麼。然而，並不是每個人都用這種方式寫作，根據一份針對170位教員的研究調查顯示，Lowenthal和Wason（1977）指出兩種不同的作者類型：

- 「序列型」：這種作者認為寫作過程是連續性的，一邊寫一邊進行修改，通常在動手寫作之前會先規劃寫

作細節。

- 「整體型」：這類型的作者唯有在動手寫的時候才能
  思考，並且寫好各部份的草稿以後再將之依序排列組
  織。

他們也發現，有些學者從寫作中獲得莫大的滿足感，但是也有些人覺得這是一項極度痛苦的經驗。所以，不難想像，並不是只有研究生才覺得寫作是種折磨，即使對很多學者來說，這也是個難題。

為什麼有這麼多人覺得寫作很困難呢？追根究底，可能是因為書寫語言（written language）與思考之間的強烈關聯。書寫語言被指為「發現新知識的工具」（the means of discovery of new knowledge, Olson 1975）。如果書寫為發現之母（而非一般人所認為，文字只是呈現新發現的工具），或許多少能解釋為什麼撰寫論文是攻讀博士生涯中最艱辛的任務。寫作啟發了人們以不同的方式思考研究的成果。

你必須清楚地闡述寫作概念。雖然你對於這些概念已經瞭若指掌，但是對於讀者來說，它們卻是全新的想法。你的目標是將你所知道的知識與訊息傳達給那些對此一無所知的人，因此你得提出明確的假設，清楚地陳述想法。從一個概念進入另一個概念時的思緒承接，或是從特定假設所延伸出來的概念，都應該明白而準確地以書面文字呈現。

寫論文的教授或學生經常會說「如果想法有錯，寫得再好也沒用」或「我無法清楚地用文字表達想法」。Cohen（1977）訪問了幾位傑出的心理學家，他們表示自己只有在書寫的時候才能思考。Murray（1978）更發現，即使是詩人或作家也一

樣。因此，他認為所有的寫作皆是如此。

我們發現，在三年的研究訓練中（Phillips 1991），科學領域的研究生對於他們的工作有下列的討論：

> 如果只是費時但不耗腦力，如重複性的實驗，那我會很喜歡。但是如果這會很困難，像是寫引言或結論之類的，那我就不喜歡了。

> 我寧可在工作時間時呆在實驗室磨蹭，這樣比較不費神。

> 我寧願動手操作，也不要寫作，我不喜歡那麼多的書面工作。

科學領域的學生偏好待在實驗室裡工作（包括更新實驗室的書籍），這意味著他們寫報告或論文的時間大多在傍晚、週末或假期的時候，他們不認為這些是「真正的工作」。由於寫作對他們來說是次要的，因此自然也不會花費太多時間或精力在這方面。有個學生說：「每當我有片刻的閒暇，我就會寫個一小段」，不過三年來以這種方式寫成的零碎片段最後都只能棄而不用。

事實上，多數的研究生都拖到最後一年才開始動手寫論文，不過我們強烈建議研究生們不要這麼做。有些藝術領域的學生表達了他們對寫作的看法：

> 我討厭寫作，也寫得很差。目前我還在比較機械化的工作階段。一旦開始著手寫作，我知道我一定不能停。只要開始寫，持續地進行絕對會很重要。

> 顯然，在動手寫下來之前，你無法完全地建構你想要說的

內容……只有當我動手寫的時候，我才知道原來我在某一節的闡釋全錯了。我想要提出來的論點和我在文字上的表達並不契合，因此我重新思索一次，改寫了整節內容。

這些學生的說法令人聯想到Lowenthal和Wason提到教師們對寫作的看法，以及兩種不同的作者類型。我們可以從下面一段談話中，發現這個學生採取序列型的寫作法：

文體、語句或流暢度的問題是我目前最大的障礙。當我寫句子的時候，我不覺得在文體上有問題，我也不覺得自己寫得不夠好，但問題是我寫句子的速度實在太慢了。

在上述案例中，作者非常重視句子，迥異於整體型作者的方式：

我先將初稿全部以手寫方式完成，在過程中可能會有些小修改。不過當我全部完成以後，我會進行大幅的改寫，所以初稿看起來總像是經過了第三次世界大戰一樣。如果我真的很投入，我可能從早上八點半或九點半，一直寫到深更半夜。一旦我開始進行，我就會想要趕快完成。對我來說，在構思和完成之間的時間落差越小越好。

有些人可能還是習慣手寫，不過現在這是個落伍的方式了。一般人都有個人電腦或文字處理機，這意味著指導教授們通常預期會收到打字的書面作品。文字處理的工具使你可以任意地修改草稿，直到滿意為止。同時，它也使日後更便於發表在期刊論文上。

Hartley和Branthwaite（1989）曾調查過寫作者，並且提供

了一些技巧。他們比較「多產的」作者和「少產的」作者，根據這些作者們的自我揭露發現，多產的作者比較不傾向於分散寫作的作法，他們大多一次就把所有的章節寫成草稿。此外，多產的作者對於寫作也顯得比較興致勃勃。他們提出幾項有助於提高生產力的策略：

1. 訂定一個概略的計畫（但你不一定非依此進行不可）。
2. 一次完成一個章節，可能有助於讓你的工作更井然有序。
3. 可能的話，使用文字處理機。
4. 至少修訂或重新起草兩次。
5. 每個星期至少固定花2~5個小時寫作。
6. 找個安靜的環境寫作。可能的話，在固定的地方寫作。
7. 為自己訂定目標。
8. 請同事或朋友為初稿提供意見。
9. 和信任的朋友或支持你的同事合作。

　　我們有必要在此提到一個經常被忽略的建議。當你快要沒有時間，必須先丟下研究工作一段時間時，除非你到了一個自然的中斷處一段落、章節的結尾，否則千萬不要繼續進行。你應該故意在半途丟下你的工作—構思到一半、寫到一半的章節、段落甚至句子。這會使你在心理上產生完成任務的需求，並且感受到較多的內在壓力，督促你回頭把做了一半的事情完成。這能夠使你在重新開始的時候，更容易進入狀況。

　　儘管我們相信上述各種建議都有正面幫助，你仍然得記住：人們以不同的方式寫作。這是一個很重要的觀念，因為很多人都假設正確的寫作方式只有一種。事實上，在學校時，學

生們常常被教導先擬定計畫再著手寫作。但是，並非所有的人都是「計畫好手」（planner），有些人更擅長於「全部寫出來」（get it all out）。畢竟，既要寫得完整，又要用最好的方式表達，實在不是容易的事。因此，一面寫一面調整也是很實際的做法。

Torrance等人（1992）也同意這一點。他們指出「有些東西在真的動手開始寫之前，沒有辦法輕易地擬定要旨或結構」，因此建議寫作者可以在一開始的時候就有意識地採用「邊想邊寫」的策略，不必預設自己的寫作一定遵循「想好再寫」的程序（think-then-write）。然而，他們也不諱言，學生在寫作上的經驗通常不算豐富，因此，似乎只有少數的學生知道如何藉著改寫或多擬幾次草稿來發展、釐清想法。

著手寫作與改寫的過程是很關鍵的。我們建議你在寫作的過程中採取下列的方式。首先，你需要在身邊放置有助寫作的工具書：一本新版的好字典、Roget's的同義字典（Thesaurus）和Gowers的簡明詞典（Plain Words）。如果你的文字處理器有內建的字典和同義辭典，則更便於使用。接著你可以開始：

- 產生主要論點（如果你是整體型的寫作者，可以不照次序。如果你是序列型的作者，可以依序列出論點。）
- 將論點加以組織成合乎要求的結構。做到這一點才能繼續下一個步驟。
- 將論點建構在符合文法的段落上，並且以均衡的句子組成段落。

當然，說起來似乎容易多了。不過，如果你可以透過對他人作品的閱讀，來檢視自己的文章，你將比較容易發現自己的

論文是否表達不清或文體鬆散。為了讓自己和作品之間保持客觀的閱讀距離，你可以將寫好的作品丟在一旁，過幾天以後再回頭看一遍。然而，如果沒有時間的話，你可以試試別的方法——打幾通電話、和朋友見個面——然後再回過頭來閱讀。心理狀態上的轉換或許可以營造出你所需要的距離感。另外一個技巧則是大聲唸出你所寫的東西，因為「聽覺」經常可以揭露「想要說的內容」和「真正說出來的內容」之間的差異。同樣地，把書寫的內容作成錄音帶再重新撥放，也相當有幫助。

　　要記得，先從簡單的部分開始寫。這聽起來似乎只是件芝麻綠豆大的小事，但是令人驚訝的是，居然有許多人認為，寫論文應該要依照章節的次序逐步進行。錯了。在一篇題為「科學論文是場騙局？」（Is the scientific paper a fraud?）的文章中，Medawar（1964）以騙術的操練來比擬論文的寫作過程。事實上，他的意思是讀者往往相信他們所看到的研究報告——富邏輯、有次序——就是研究進行的方式。他認為這樣的假象很容易誤導那些有心從事研究或撰寫論文的人，甚至會令人備感挫折。因為，他們可能發現，事情的發生，一點都不像專家們所說的那樣有系統。

　　這個看法早在1964年就出現，不過並未受到廣泛的認同。因此，我們再次強調（第二章已經提過），一旦你對於自己應該如何完成哪些工作已經有清楚的概念，不妨考慮從研究方法的部份出發。或者，你可能比較傾向從文獻回顧的部分開始，這可以隨時警惕自己哪些東西已經有人寫過了。不過，如果你採取這個方式，別忘記最後要再回頭看一遍，以免忽略了最新發表的重要資料。

　　最後，如果從剛開始的時候，就依照你的學科裡的慣例下

注或引用書目，這對你將很有幫助。這方面的慣例種類繁多，例如每個學科對於注腳的看法不同，有些學科喜歡用注腳，有些不置可否，有些則明確禁止。因此你必須遵循既有的學科成規。如果不確定某些學科有哪些規定，可以找一本該學科的指標性期刊以為參考。如果你所引用的期刊範圍廣泛，而且規定各有不同，那麼就從中選擇一個，並且在論文一開始的時候聲明你使用的是British Journal of X，以避免自己以後將不同的使用慣例混雜使用。

行動要領

1. 確定你的論文確實涵蓋了博士論文形式的四個重要元素（背景理論、焦點理論、資料理論、貢獻）。
2. 不要讓你的論文長度超過支持論點所需要之篇幅。
3. 記住，你只須要跨出一小步就可以使作品具有原創性。
4. 和指導教授討論：論文的「原創性」有哪幾種可能的表現方式，雙方應就此獲得共識，你可依此共識決定自己應該表現出哪一種原創性。
5. 用可讀性高的文字寫論文，適當地使用專業術語，但是應該避免使用行話（jargon）。
6. 從一開始就採取符合你的學科慣例之註腳或引文方式。
7. 在研究過程中，把握任何可以寫報告、草案、評論的機會，不要以為最後再寫論文就可以了。如果一直逃避寫作，就無法培養撰寫論文所需要的寫作技巧。
8. 以你覺得最輕鬆的順序來撰寫最後的論文。論文成品所排列的章節順序並不一定等於你書寫的次序，其中，研究方法那

個部分是很好的出發點。

第七章

博士的歷程

　　攻讀博士學位是一個很複雜的過程。學生在展開他們的研究生涯時，經常天真地認為，只要認清楚研究主題，就可以沿著預定的路線抵達終點。不幸的是，這是錯誤的想法。正如我們在第一章所討論的內容，即使以科學方法作為架構從事研究，還是無可避免地需要推測、重做、退回原處、修改或仰賴靈感；更何況是其他較著重概念的研究，其典範所具備之結構性則顯得更弱。不確定（uncertainty）是博士過程中必然的感受；對於模稜兩可的感覺，你必須有某種程度的容忍力，這是使研究工作成功的必備條件之一。因此，在邁向博士學位的途中，你需要一些路標作為指引，幫助你更了解這個過程。

　　本章要從兩個不同的觀點來探討攻讀博士的過程。首先，我們將以心理學的角度，強調此段經驗中除了理智成分以外的情感元素。其次，我們則以實踐層面，討論博士研究生如何在有限的時間內安排研究工作，包括設定目標與訂定期限。

心理狀況

熱情

　　學生在剛開始研究的階段，對於新任務常常滿腔熱情。隨著時間的推移，情況漸漸改變。研究顯示，剛開始的熱情之所以逐漸降溫，主要的原因是學生為了解決一個問題所花費的全部時間（**Phillips 1980**）。本章我們會引用一些訪談，以經歷了三年研究生涯的學生為對象，試著瞭解他們在此一歷程的各階段中，分別有哪些不同的體會。

　　Freddy在科技大學裡唸的是工業化學，他說，幾年下來，熱情越來越少，而研究也似乎離他越來越遠：

> 開始時，我必須非常專注，它幾乎佔據我所有的心力。最初我對工作充滿熱情，工作對我來說是最重要的；不過，這樣的熱忱漸漸在很多方面不斷地流失。到最後，其他事物甚至給我更多的滿足感。

　　一般來說，學生最初的熱情常常只是因為野心勃勃，同時也高估了自己的能力。隨著時間的累積，眼見剩下的時間越來越少，他們一方面感受到時間的壓力，一方面對於長期鑽研單一主題也備感枯燥乏味。

　　剛開始，Adam（建築系）對於研究方向覺得非常興奮，不過，他說：「我有的是滿腔熱情，但是條理卻不足。我希望我的指導教授可以幫助我決定下一步應該怎麼做」。稍後，他發現書寫有助於組織思想，但是這也意味著面對眼前的條條大

路，他已經不可能一一漫步探索了。

孤立

在研究生涯將屆週年時，研究生會領悟到自己不要做什麼。漸漸地，他們也對於自己到目前所擁有的工作結果感到失望，並且隱約覺得自己的能力應該不止於此。有一些學生在成為研究生後的一年，在言談中流露了這樣的想法。

Greg（歷史）說：

> 我不認為這一年來我進步很多，我覺得我應該可以做得更好才對。我的進步不如預期，這令我覺得沮喪不已；然而，我卻不知道應該如何做才可以有較多的進展。

Adam（建築）說：

> 我很難說自己的表現究竟是好是壞。雖然我做得好像還不錯，但是進度實在是太慢了。

Charles（天文）說：

> 大多數的時候，溝通都是虛偽的。交談只是一種禮貌，你一天到晚都在做這種事。如果真有溝通這回事，應該是發生在心智層次上。所以，我再也不認為交談就等於溝通。

不管在質或量的方面，Charles都不滿意他和指導教授之間的互動，他覺得自己和系上其他人很少有共通點；除此以外，他也不和任何人談論有關研究的事情，雖然他和其他研究生住在同一個房間，他也天天到學校去，但是仍無法避免使他變得孤立。由於缺乏智識上的刺激，也沒有和同學或指導教授進行

思想上的交流，Charles認為沒有人覺得自己的研究重要或有趣，終於連他自己也不再對研究主題感到興趣。最後，他的研究出現了完全停擺的狀況。

在第二章，我們提到Diana（生化）的抱怨。她說自己總是在研究室裡獨自賣力地工作，而這個研究室裡的其他人也跟她一樣，各自做各自的研究。Bradley（英文）則提出另一個觀點：「我完全只有一個人；但是我並不覺得孤立。我很高興可以有自己的時間。」雖然有人會認為，比起Bradley，Diana和Charles比較不那麼孤立，但是對於Diana和Charles來說，這樣的經驗已經稱得上與世隔絕了；雖然Bradley不覺得長期一個人獨處有什麼不好；不過，幾個月以後，Bradley的想法卻變了，他說：「研究生受到的待遇真是令人氣憤，我們一點都不像是整個學術共同體裡的一份子，這種日子把離群索居的樂趣都消蝕殆盡了！」

不管受訪者的學門、主題或大學為何，他們所面臨的困境不是來自研究工作本身，而是他們身處的社會環境，這種孤立感所帶來的結果是熱情的消退與工作進度的遲緩，甚至停滯。

越來越濃厚的興趣

當學生建立了研究的自信心，不再處處倚賴指導教授，可以享受研究的樂趣時，他們可能更加投入工作。一旦學會如何自我評估，當問題發生的時候，你的第一個反應不再是尋求指導教授的忠告，反而會先試著靠自己解決問題。這意味著你已經全神貫注地融入研究工作，而且準備花更多的精力和時間做研究。

事實上，根據Bradley的說法，他覺得自己必須對三年的研

究生涯有個完美的規劃，就是這樣的內在驅力推著他不斷地向前。起初，他「全心全意投入研究，因為我不知道除此以外我還能怎麼做」；到第三年的時候，他說除了研究工作和完成論文以外，其他的事物都已經無法引起他的興趣了。論文，成了他生活中最重要的一件事。不過，在剛開始的時候可不是這樣。他自述剛剛註冊成為研究生時，有很多「令人氣餒和內心交戰的時刻」，對系所單位或指導教授經常感到非常不滿。漸漸地，雖然他對很多事情還是相當不以為然，然而，當他越來越專注於自己的研究工作時，這些外在情況對他而言就不再那麼重要了。Bradley的話，說明了當他缺乏外在的指引時，個人的發展反而更具有自主性。

不再依賴指導教授，以研究為寄託

當學生全力投入自己的研究以後，就會減低對外來認可的需求。舉例來說，Adam在三年的研究生涯即將結束之前表示：「剛開始的時候，我總是想得到立即性的回饋，而且也很害怕發問。當我比較有自信以後，我不再凡事緊張兮兮，也比較有安全感一點。」當他對自己的生產力不再耿耿於懷的時候，反而能夠更獨立、更自在地做研究。指導教授必須根據學生提出的報告，才可以明確地予以評估並且提出意見。而Adam的話意味著，隨著對自己的研究資料越來越有信心，他對於外在認可的依賴度就會漸漸減低；他越相信自己有判斷研究品質的能力，就越能夠自我鍛鍊思考能力，因此，也就不會過度仰賴指導教授的意見、批評或解釋。

當Adam漸漸成為自己的指導教授之後，在自己與研究工作之間就沒有第三者介入的需要；因此，他不會老是為了提出

有形的工作成果給指導教授Andrew而備感壓力。雖然表面上看起來，Adam做的事情好像比較少，但事實上他的工作腳步卻非常穩健，他不會爲了趕快完成以便交差了事而貿然著手。

有人可能會把Adam和攻讀核能化學的Ewan比較。Ewan並未持續地培養研究工作所需要的自信，所以始終無法從自己的成就中獲得回饋與依歸。在博士生涯即將告終時，Ewan說：

> 我和指導教授在早期的關係並不好，他不能給我第一手的資訊，所以最初我總是像瞎子摸象一樣。不過，後來情況就有改變。如果你和指導教授的關係有所改善，就會有顯著而良性的回饋。有些指導教授選擇讓學生自己探索，這種方式的好處是，你會經歷各式各樣的問題，而且，對於未來的工作而言，這也是一個很好的訓練。

Dr. Eustace一開始指導Ewan時，給了Ewan很多參考書目，但是把研究主題留給Ewan慢慢思索。稍後他發現這樣似乎不夠，因爲Ewan需要更多的指引，所以，一直到Ewan快要畢業時，Dr. Eustace都持續地拉近雙方之間的距離。Ewan總是樂於仰賴指導教授的協助，不過現在當他再談到自己總是「嗷嗷待哺」的這段經驗，他指出這和日後的研究有密切關聯。他把自己對指導教授的高度依賴，歸究於他對工作缺乏發自內心的滿足與投入感。儘管他知道外在的控制與回饋對他的確很重要，另一方面，他卻也承認，這樣的依賴可能使他無法應付日後研究所要求的自主性　。

這兩個案例呈現了兩種不同的師生關係，而他們對於進步的看法也不同。這些例子還說明了另一件事：不同的學生也會不同程度地依賴來自指導教授的訊息。不過，兩個例子不約而

同地強調一點：學生必須持續地了解、接受有關於研究工作的各種回饋。

　　Ewan快畢業時，他說：「良好的指引很重要，我覺得我的指導教授做到了。」不過，他的指導教授Dr. Eustace卻說：「他投注了超乎想像的心力在研究工作上，並得到和別人相同的研究結果。」事實上，一直到Ewan的博士生涯結束之前，Dr. Eustace持續每週都和Ewan進行一次會面，他大幅地校對、修正、改寫Ewan的論文，而Ewan從未擺脫他的依賴性，也無法真正地肯定自己努力得來的知識。

厭倦

　　大約到了研究過程的中期時，研究生容易覺得「厭煩」而疑惑，彷彿陷入泥沼一般。Hudson（1977）談到自己做研究的經驗時，就指出了這種「停滯不前」的症狀，受訪的指導教授也提及這樣的感受。Fordike教授（工業化學）提到他指導的學生Freddy時，他說：「接下來的六個月裡，他會歷經膠著時期，接著，成果應該就會傾瀉而出。」

　　然而Freddy自己卻說：「基本上，寫論文是最無聊的部分。只能拖著沉重的腳步緩緩前進，卻得到粗糙的結果，一點想法或挑戰性都沒有。」Bradley的說法則深富哲理：「破曉前總是必須歷經最黑暗的時期。現在，我只能和我的論文相依為命。」Adam則說：「當我知道我已經有資格得到博士學位時，我卻已經沒興趣了。」研究古代史的Greg則說：「對於持續不斷、機械式的工作，我現在真的感到非常厭倦了。」

　　長期專注在同一件事情所產生的重複性與乏味感是很正常的現象。即使一切都依照原定計畫進行，每件事情的發展都在

預期之中：當你學習如何有系統地做研究、並且督促自己一定
要堅持下去的時候，這些感受無可避免地會成為經驗中的一部
分。

挫折感

在研究的過程中，已經完成的部分會不斷地刺激你產生新
的想法。面對這些新想法，你可能覺得躍躍欲試；不過，如果
想要在期限之內完成研究，你最好不要分心，而是專注地處理
手邊的問題。當你越來越熟悉自己所探討的問題，很可能會越
來越氣餒。在第二年的時候，一旦研究生發現自己難以貫徹原
來的理論和想法，往往會產生不滿與挫折的感覺。

因此，要留意這些由重複而機械化的工作所產生的情緒反
應，它們可能使你半途而廢。你必須遵守遊戲規則，了解「精
確」是博士研究的重點；接著你才會有權力依自己的興趣行
事，並且進一步研究從手邊工作衍生出來的有趣問題。目前我
們的的建議是，這些事最好在你拿到博士以後再做。

在C. P. Snow的自傳式小說《追尋》（The Search, 1958）
中，提到他如何克服系統性研究所帶來的挫折感。他說自己花
了好幾年的時間做一些「基本」研究，一直到他在科學界產生
影響力以後，才真正有機會探討自己有興趣的問題，而這些研
究和他之前的工作看來毫無關聯：

> 我不能寄望權威人士會平白無故地把我當成科學界的明日
> 之星。我得先證明自己的能力……我從有把握的部份先著
> 手，這些問題可能並不特別令我著迷，但是我確定可以得
> 到一些成果。〔第55頁〕……只要想到未來，我就更渴望

能夠投入研究那些真正吸引我的問題。當我的努力為我贏
得地位與聲望後，我才有在荒地上孤注一擲的本錢……此
時，我已經具備了很多在研究上所需要的經驗和技巧。
〔第90-91頁〕

　　這位知名的科學家對於博士研究的看法，可說是真知灼
見。不要讓挫折感引領你走向歧途，記住，一旦你有了博士學
位，你可以站在一個更好的位置去實踐你的各種想法。

待完成的工作

　　在第三章，我們提到學生在研究後期對於研究的看法。對
於所有研究生來說，最具有激勵作用的就是他們所立定的目標
（「一定要拿到學位！」）；再不然就是那些有待完成的工作
（「一定要完成！」），在背後推動學生繼續往前。你應該記得，
在畢業前夕，這些受訪的研究生們才體會到，完成工作的必要
條件是決心與勤奮，而非過人的才華。

　　在第二章，我們提到研究生一開始對於「才華」的看法，
可能抑制了他的發展。因為他們相信拿到博士學位的人必定極
端聰明，因此對之崇拜不已—特別是曾經拜讀過這些博士們的
作品以後。另一方面，學生並不認為自己有同等的聰穎，容易
因此妄自菲薄，覺得永遠不可能獲得夢寐以求的博士學位。不
過，一但他們堅定地踏上博士旅程，就會漸漸明瞭，他們所需
要的不是什麼超乎常人的能力，而是忍受枯燥、克服挫折感的
堅忍態度。

　　一旦有了這樣的體會，也意味著學生更進一步地認識了博
士研究的歷程。你終究會了解，研究工作的真實面貌，就是

「工作」。如果到了第三年，你還沒有調整自己的認知，你就應該仔細思索你究竟想從研究中成就些什麼。如果你已經瞭解你必須在一段時間內規劃、發展、完成某些事情（就像其他的工作一樣），你就已經邁入整個過程中最關鍵的行動階段。另一個尚待完成的工作是：你必須訂定工作完成的期限。就像其他的工作一樣，你最後終會得到回饋，只是這項報酬並非金錢，而是一紙學歷證明。

到了這個階段，你應該已經相當熟悉這項工作所需要的技巧或態度了。當然，你也可能被焦慮感擊潰，畢竟，這是所有研究生必經的歷程。在進行博士研究的所有階段中，焦慮感是最普遍的心理情緒。開始的時候，焦慮感經常十分強烈，研究生不停自問：「我夠聰明嗎？」「他們會不會知道我其實表裡不一？」焦慮感並不會隨著你的進步而完全消失，頂多有高高低低的起伏，有時候更像是洶湧的浪潮一樣，將你吞噬在憂慮的海洋中。當你成功地拿到博士學位時，你會覺得鬆了一口氣，主要的原因之一是你終於可以卸下長期背負的焦慮感。

當你對於研究狀況的看法有所改變時，你會發現自己的行為也隨之調適。你將發現自己不再輕易地被批評擊潰，同時也會發展更強的自信心，這將有助於提升你在口試時的表現。進行了這麼久的工作終於快要完成；成功就在不遠處向你招手了。

現在你正積極而踏實地循著慣例朝目標前進，你的工作包括：和指導教授持續進行討論、加強完稿階段的論文、決定保留或刪除哪些參考資料、再檢查一次統計或實驗結果、最後一次確認那些未採用的資料是否真的不重要、仔細思索某些理論上的觀念。

這些瑣碎零星的事情都是提交論文前必要的收尾工作，目的是確保論文的品質。

幸福感

提交論文以後，你會歷經一段時期的焦慮和期望，直到最後的勝利終於來臨。當你突然卸下肩上的重擔，發現自己已經擺脫了和論文搏鬥的日子，可能會覺得生活中彷彿少了什麼；但是你又隱約感覺到事情似乎尚未結束。因為，真正的最後階段是拿到博士學位的那一刻，或是當你被告知只要在某個期限內修改一些小地方，就可以獲得博士學位。

此時你會充滿喜悅與成就感，並且信心十足。這種自信使你即使在擠滿聽眾的演講廳中，也有舉手發問的勇氣；因為你認為如果自己需要演說者進一步再說明，在場的聽眾一定也會有同樣的需要。你不再覺得自己可能是唯一一個笨到聽不懂別人說什麼的傻瓜；在會議中，你不再壓抑自己的想法，因為你不想再聽到別人說出你十分鐘前就想到的同一件事。這種快樂的感覺或許會漸漸消褪，生活中多出來的空白也必然會被其他工作填滿（或許是一本書）；不過，自信卻會深植在心中。

一旦你成功地完成多年前設定的目標，那種難以形容的喜悅，瀰漫在整個身心。此時，那些埋頭苦幹的日子似乎也變得值得了。這的確是遲來的幸福，任何經歷過這個過程的人，都會告訴你走過這段日子，感覺是多麼美好。

怕別人「捷足先登」？

很多研究生不斷地覺得焦慮，因為擔心別人的研究主題和

自己重複，甚至也採取同樣的方法、得到相同或類似的結果。如果被別人搶先一步，可能是最令人洩氣的一件事了。那個人可能住在離你很遠的地方，也可能用另一種語言進行研究。

互不相識的兩個人，很可能同時有非常雷同的發現。在第四章提到Kuhn（1970）對於這個現象的說明。他指出，科學的進步使社會可以跨出下一步，擁抱新的發現。在沒有奠定科學基礎之前，人們無法進入這個階段；然而，一旦所有的準備就緒，則全世界的研究者們就有機會創造突破性的進展。因此，諾貝爾的獎項經常同時頒給數名研究者們，他們雖然來自不同的國家、彼此素昧平生，但是卻幾乎在同一個時期有了同樣重大的發現或創作。

一旦發現有人已經發表類似的研究，很多學生會因此自我否定，認為自己的努力一點意義或價值也沒有。即使是指導教授，面對這種情況時，他們也不確定如何定位學生的研究工作。然而，事實上，你根本毋須擔心自己浪費了時間。

如果你的研究和已經發表的作品很類似，但是卻獲得不同的結果，你（或是你的指導教授）可以考慮和另一名研究者接觸、討論，這有助於雙方進一步發展、提升自己的研究。如果你的研究和別人的研究很類似，也獲得一致的結論，則你可以用他已經發表的作品來支持自己的論點，以增加可信度。不管你的發現支持或駁斥已經發表的研究，對於該領域的知識一定有某種程度的貢獻。

最糟的事情並不是別人發表了和你一樣主題的論文，而是你從來沒有發現有這樣的研究存在。身為一名研究者，你必須非常熟悉在這個領域中的動靜，並且隨時掌握各項新的發現。

實際的面向

時間管理

在進行博士研究的整個過程中，以上所討論的心理狀況經常會以循環式的週期出現。以下我們將檢視，在博士研究過程中，學生在概念與實踐方面，有哪些必要的工作。由於博士研究有時間的限制，因此，時間的規劃和管理對於成功與否扮演關鍵角色。

通常，你有整整三年的時間規劃、管理、完成你的博士論文；如果你是兼職學生，期限可能會延長至五年或六年不等。當然，你對於自己在未來幾年要做的事可能有些想法；但是你有沒有想過你要在何時、如何做哪些事情？

這些工作以兩種層次運作。首先是在總體層次上：如果要在有限的時間內完成博士研究所要求的所有工作，你必須要擬定實際的博士研究工作計畫。其次則是細節層次：關於進行某些特定活動的時間表與完成的期限。此外，這些活動不但是研究工作的一部分，也必須納入博士研究時間表的基本結構中。

開始的時候，你必須有一個整體性的計畫。例如Ewan在一開始的時候，描述他的核能化學研究：「我希望最後可以找到溶解狀態的分子形狀。」在他還沒有進入實際的研究階段之前，儘管他沒辦法講得非常明確，但是卻知道研究的大方向為何。首先他必須校對他將使用的黏度計，為此他還得先閱讀與黏度有關的論文，以便了解以前的人如何校對黏度計。當他開始閱讀的時候，他發現論文中有些內容頗令他困惑，為了要弄

清楚，他必須查看期刊上的計算資料，這需要數學家的協助。
因此，我們可以更明確地描述Ewan的整體計畫：「根據已被
證實的等式來校對黏度計，以之作爲測量的工具，找出溶解狀
態的分子形狀。」當Ewan進一步思考並且開始著手工作以
後，這個研究計畫的整體輪廓就會越來越清晰。

博士班新鮮人剛進入博士系統時，對於研究計畫只有模糊
的概念，在長達三年的過程中漸漸釐清自己的目標，這是一個
相當普遍的過程。另一方面，短程計畫的目標可能比較明確：
開始研究問題、和指導教授討論研究內容、取得使用器材或樣
本的管道。然而，除了這些以外，實際的目標可能仍然不太明
確。這是因爲研究生無法以有組織的方式，在有限的時間內處
理各種突發的狀況。

起初，以三年（或兼職學生的六年）的時間完成一部論
文，看起來綽綽有餘。千萬小心，這只是個假象。如果你真的
這樣以爲，那你以後的日子可能會很難過。Diana是一名主修
生化的研究生，她便深受此觀念所害。在她進行抗癌藥品研究
計畫的第二年時，她說：

> 兩年就這樣過了，我猛然警覺到自己只剩下一年的時間。
> 對我來說，六年可能都還不夠；雖然剛開始的時候，三年
> 看起來好像很長。現在我試著結束一堆實驗，然後就此打
> 住，我不要再像以前毫無節制地深入探討了。

顯然，對時間限制總是保持警覺，這是非常重要的一件
事。

我們可以把整個工作的過程視爲「漸進地減低不確定感消
褪」（progressive reduction of uncertainty）。正如第六章所述，

博士論文有其形式，此形式建構出你必需完成的工作內容，也顯示了此過程中必經的幾個階段，這些階段也會引導你的工作內容。在規劃工作內容時，從「形式」、「階段」到「工作內容」，會有助於釐清你的研究計畫。原則上，隨著各階段的工作逐漸完成，你對論文的不確定感也將隨之減低。因此，儘管剛開始的時候是千頭萬緒，經過一些年的努力，最後你的博士研究將能呈現一個完整的主題。

過程的持續時間

在下一頁，我們提出論文形式以及在此過程的階段性模式。如第六章所說，形式是不會改變的；基本上，階段也是固定的，但是可能會依學門的差異性而需要一些調整。然而，為了便於討論，此模式採取最普遍的時序架構，檢視典型的博士過程所經歷的幾個階段。

我們刻意以較為粗略的方式來勾勒此圖，用每個時間方塊來代表「學期」（即全時學生的四個月；兼職學生的六個月），並且只將整個博士研究的過程分成六個階段。然而，這卻足以說明了你和指導教授應該如何一同規劃研究。你需要這樣的架構來幫助你掌握工作進度，看看是否符合整體的時間配置，否則你將會發現自己陷入和Diana一樣的困境：某天清晨醒來時，發現時間只剩下一半，你卻還沒有真正上軌道。

如圖所示，從時間表的左邊到右邊，不確定的感覺逐漸減低，這也是我們建立此一模式的主要目的。整體上來說，論文形式中的四個元素—背景理論、焦點理論、資料理論和貢獻—分別依次配置在各個時間方塊中；具體而言，整個過程分成六個階段，前面四個階段的時間配置分別為一學期，第五個階段

攻讀博士的過程
漸進地減低不確定感

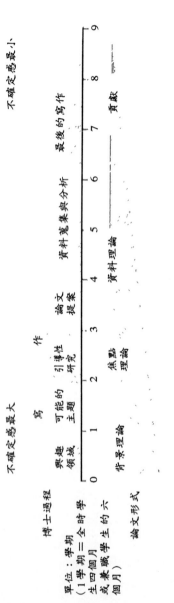

以上是一個以時間為基礎的工作計畫，此簡圖可作為學生設定工作目標時參考。此外，此一時序圖並未顯示較早階段可能發生的重複或重疊現象。你必須和指導教授討論，找出一個最適合自己的階段時序表。

則有兩學期，最後一個階段（寫作）則有三學期。根據我們的經驗，這樣的時間規劃雖然很緊湊，但是卻很實際；而有些人做得到，但是有很多人跟不上進度。如果能夠善加運用此模式，應該可以幫助你了解目前的進度位於整個過程中的哪個階段，並且能夠規劃實際可行的計畫，持續地鞭策自己，直到完成爲止。

　　當然，你不可能以絕對線性的方式經歷每一個階段。你可能會落後或回頭再經歷一次某個階段，也可能丟掉之前的結果，讓新的工作成果取而代之。儘管撰寫論文的重頭戲到最後階段才會上演，但是你應該在整個研究過程中持續地找機會練習寫作。因此，你有可能發現自己同時處於兩個階段。這也是爲什麼你一定得建立一個以時間爲基礎的架構，因爲有了此架構，你才能以整體的觀點來檢視自己的工作進度。

過程中的階段

　　此圖中的各階段，儘管有些細節性的差異，但是大致上會符合你的研究過程。以下分別說明各階段：

- **研究興趣**　有些系所會要求申請者先提交基本的研究提案，才決定是否接受入學申請。如果你尚在此階段，你可以詢問該系所的研究輔導老師（見第十二章）。你的提案只能籠統地表達你對某一個領域感興趣。你必須非常確定自己對某個領域真的感興趣，因爲在接下來的幾年內，你將花費很多時間與精力置身其中，因此，除非它對你具有某種內在的吸引力，否則你將失去持續下去的動機與信念。

　　你也可能很難決定自己要專攻哪個領域，舉例來說，這也許是因為無法使用你所需要的儀器或研究地點。在這種情況下，你應該要試著在興趣與現實之間取得平衡，找到一個符合興趣、又能取得研究資源的領域。在這段期間，你必須培養一種願意獻身於此領域的承諾感，以支持你向前邁進的信念。

• *可能的主題* 　這個階段主要是找到值得研究且具有可行性的主題。儘管在進入下一個階段之前，你不需要真正決定一個明確的研究主題，但是這並不意味著在這個階段的你可以在模糊的想法中游移不定。正好相反！你應該詳細地擬定二到三個研究主題，以便於在下個階段從中選擇一個可行性高且專業度夠的研究主題。

　　你應該思考二到三個研究提案，每件提案的篇幅大約四頁。以這些提案作為你和指導教授討論的基礎，你們應該要充分地檢視這些提案在研究上的可行性，以及在時間上的充裕度。整個博士研究歷程中，研究生如何找到正確的切入點，並且設計出值得、可以探討的研究主題，是非常重要的專業技巧；因此，這個階段的工作更顯得舉足輕重。

• *引導性研究（pilot study）* 　這個階段的明確內容會根據學門而有很大差異性。它可能牽涉到儀器的測試、資料蒐集的方式、資料的可用性等。本質上來說，我們在這個階段要審視的關鍵問題是：這樣做行得通嗎？

• *論文提案（包括研究調查的設計）* 　在這個階段，你

必須花更多時間在細節上，以便使你提出的研究計畫案：（a）能夠有說服力地闡述問題；（b）有所貢獻。因此，你需要充分地檢視目前的焦點理論，並且徹底地了解背景理論，以評估此研究是否真能有所貢獻。

在此要牢記一點：理想的設計必須能夠有「可能結果的對稱性」（symmetry of potential outcomes）。換句話說，理論上來說，論文不應由某個特定結果來決定其成敗，而是不論研究結果如何，此論文都有其貢獻。雖然並非所有論文都能具備這種對稱性，不過至少這是一個值得努力的方向。如果成功地建立這種對稱性，你的論文會具有極高的優勢。

- *資料蒐集與分析*　每個學門或研究主題都有特定的資料蒐集與分析方式，然而，在此我們要提出一個原則：在這個階段，好的研究者會和他們的資料保持密切的距離。他們連原始資料（raw data）都可以倒背如流，更何況是親自分析這些資料後所獲得的結果。他們不會將資料拋諸腦後，而是和資料時時刻刻生活在一起。這種投入感的重要性在於，它為研究者提供了一種心理上的基礎，使他們可以從不同的角度、不同的理論來檢視這些資料；在不自覺的狀況下，這種投入感往往可以使研究者發現了檢視資料的新觀點。這些研究者不斷在概念上玩味著這些資料，直觀地思索許多「如果—那麼」之類的問題，這樣的過程經常可以帶來一些新穎有趣、有助於研究主題的想法。

- *最後寫作階段*　在第四章提到，寫論文所花的時間常常超過原來的預期。三個學期的時間算不上充裕，雖

然有些優秀而果斷的學生只花了兩學期就寫完。如第六章所說，就研究工作來說，全時學生想要在兩個學期內寫好論文，或是兼職學生想要在一年內完成，並且使寫就的論文真正具有貢獻，基本上都是不太實際的想法。

博士研究的相關規定並未禁止學生尋求專業編輯人士的協助，雖然這個問題經常引發爭議。有些學生有管道接觸這些文字編輯人員，也有能力負擔這項開銷，和沒有經驗的研究生相較之下，的確佔有較大的優勢。後者可能沒聽過所謂的文字編輯人員，也不知道尋求編輯人員的協助在博士研究來說是合法的，更沒有能力負擔這類花費，自然就處於較不利的位置。

一位專業文字編輯的責任僅限於提升論文的文體、文法或拼字。其他的變更—如意義上的改變—則不包含在服務範圍之內。不過，大部分的學生都不會告訴指導教授自己曾經請專業編輯潤飾論文，因此很難控制編輯人員對論文的投注程度。

重新定義長程與短程目標

如果你未能採用這種結構性的方式規劃你的博士研究工作，你將無可避免地更加依賴指導教授在進度上的督促，這樣一來，自行評估研究工作也變得更加困難。

如果你擬定了短程目標，對於外部資訊來源（如指導教授）的依賴性就會比較低，因為你很清楚地知道如何按部就班地進行，這能夠使你輕易地掌握自己的進度。首先，你會知道你完成了哪些工作；其次，你也會了解自己是否在預定的時間內完

成這些工作。如果上述兩個問題的答案都是肯定的（我們必須承認，這是非常罕見的情況），那麼，工作品質是唯一需要指導教授評估的項目了。屆時你也可以評估自己的工作成果；不過，學習自我評量的最佳方式，就是虛心接受指導教授的評論。

另一方面，當你發現自己未能在預定的時間內完成某些工作，這就是對症下藥的最佳時機。你可能會評估：有多少成分是因為無法避免或預期之外的情境所造成的？而你本身的經驗不足、懶散或對工作量的錯誤估算，又佔了多大比率？其中，對工作量的錯誤估算恐怕是最常見的問題了。

典型上來說，研究生會發現，進度總是比想像中要來得慢，這樣的體認會促使他們更實際地重新評估進度。一旦短程目標有所變動，相關的長程目標也得隨之調整。如果你很清楚地知道自己下一步要做什麼，那麼相對上比較遙遠的目標就不一定非得很明確不可；但是，當你一步步地達成短程目標，但是卻沒有越來越靠近遠程目標，那麼，你就有必要重新思考你的目標究竟是什麼。

有時候，這種重新思考的過程會使整體的博士目標只足以成為一個副博士研究的目標，這通常是不幸也是枉然。通常這是最不得已的決定，除非一開始你的選擇就錯得離譜，或是指導教授完全疏於介入。一般來說，重新思考會使學生縮小或重新定義探討的主題。如果研究生願意重新定義研究主題，就意味著他們了解博士研究有其範圍之限制，這也算是一個重要的教訓。

Adam對於自己在短程目標上的進度覺得非常失望，於是，重新定義的正面效應就發生在他身上。一開始的時候，

Adam說他的論文要處理的問題是「如何轉換一個文化中的建築法規系統，使具有應變的能力」。他很清楚地知道自己該讀什麼書，而且也知道其中有很多書籍都不屬於建築領域。他花在閱讀和做筆記的時間越來越多，比他預計的時間還要多出幾個月—主要原因是他對社會人類學的結構主義方法和認知發展越來越有興趣。最後，他的論文以設計教育裡的激烈論戰為主題：設計者究竟像一張白紙（tabula rasa）一樣，以靈感來啟發創作？或是以既存的形式庫作為設計的出發點？

對於Adam來說，重新定義是可行的做法，因為他將短期目標設定為「在限制的時間內撰寫特定章節」。當他一次又一次地無法達成這個短期目標時，他決定根據自己的閱讀、寫作與做筆記過程，檢視自己的長程目標。透過這個方式，他重新定義自己的論文。如果他從不考慮、從不反省之前所設定的目標，只是一股腦兒地繼續進行，他在最後一刻免不了要陷入恐慌。到時候，他就得決定是否要延長寫論文的時間，或是把既有的工作成果盡可能地結合，看看是否能在期限內拼湊出一部合格的論文。

期限的重要性

你可能會問：在這些過程中，指導教授的位置在哪裡？當然，指導教授在你推敲、擬定長程目標和短程目標時，扮演重要的角色。然而，很多指導教授在經過很長一段時間沒有與學生會面以後，才再度與學生有了遲來的接觸，他們並未努力地讓學生相信：老師的個別指導是很重要的。這往往是因為指導教授們擔心自己的督促會成為一種壓榨，反而使學生壓力沉

重；有時這也可能是因為指導教授重視其他的工作更甚於指導
研究生，例如講課、從事自己的研究或發表論文等。

　　在指導研究生時，教授可能沒有意識到設定目標或是如期
完成對學生的重要性。研究生不只知道自己「將來某天要交論
文」，而是有更清楚的階段性目標；但是並不是每個指導教授
都了解：即使優秀的學生也可能缺乏自信。

　　學生們覺得根據時間表來進行創作與研究是件很困難的
事，但是很多指導教授卻無法理解為什麼。對指導教授來說，
循著自然的架構進行是再自然不過的事，特別是一些需要從事
一系列實驗或訪談的研究。但是，研究生們卻經常對下一步感
到困惑而難以決定。指導教授們相信，一個成功的博士候選人
應該有組織並管理工作步調的能力，因此，他們有時也會猶豫
自己是否有必要主動為雙方的定期會面擬定時間表。

　　然而，博士班學生之所以有指導教授，正是因為需要他們
的指導與支持，雙方之間的關係是求知過程的根基。如果師生
之間沒有溝通彼此的期望與需要，也就等於缺乏了攻讀學位的
基礎。如果你採納了我們在第二章所提出的建議，對於雙方在
工作上的關係以及各自的角色扮演，應該至少能建立口頭上的
協議。這種協議能夠減輕雙方對於師生關係的困惑與混淆，而
有關會面的安排或期限的設定等事宜，也比較容易達成共識。

　　期限有其存在之必要性，因為它有助於保持實際工作與進
度報告之間的平衡，不管進度報告是以書面或口頭的方式進
行。很少有人可以在沒有壓力的情況下把工作做好（不管是內
部壓力或外部壓力），當最後期限隱隱約約地浮現在腦海時，
大部分的人都會加把勁，完成自己應該做的事情。事實上，在
沒有壓力的情況下，很多人都會因為遇到困難就中斷，直到最

後關頭才想辦法完成─這是下下策。當你有很長一段時間去完成某件事情,但是卻沒有按部就班的計畫,這是很糟糕的情況。無法掌握工作的架構和時間,就無法有效地完成任務。

基於這些理由,你對於時間的控制必須非常堅持。從Ewan和Adam的經驗可以知道,以期限來評估自己究竟如期完成或是遙遙落後,對於實際的長程目標,有重要的指標性作用。如果可以擬定各項工作的期限,你的遠程目標看起來就不再那麼遙不可及了。

事實上,對某些學生來說,期限是一種很現實的外在約束。舉例來說,對很多學生物的人來說,季節的變遷為他們的實驗訂定了明確的時間限制,因為一旦疏於觀察,代價就是再等一整年。然而,對很多學生而言,除了三年後提交論文是一項很明確的期限以外,並沒有其他具體的事物可以作為時間限制的指標。在這種狀況下,學生們就一定得擬定虛構期限(pseudo-deadline)。

虛構期限是一種提供動機的手段。設定虛構期限的人可能是指導教授或學生本身,也可能是雙方協商的結果。即使虛構期限是由你自己設定,你也必須要確定在期限將屆時,你有可以報告的對象。向他人公開承諾你的工作期限,可以增強你的工作動機。這些人可能是你的朋友、同學或親人。你必須將定期會面的約定,納入你和指導教授的協議中。雖然在這些例行性的會面裡,你未必一定要提供書面形式的報告,但是我們仍然建議你這樣做,因為在整個博士研究的過程中,「持續撰寫」是很重要的。

指導教授可以根據學生的進度,採取「斷奶」(weaning process)的指導方式。所謂「斷奶」的結構是:隨著學生逐漸

進入工作狀況，指導教授以漸進的方式減少與研究生的接觸。
首先，指導教授應該設定短期目標，並且安排個別指導的時
間。稍後，給學生一段時間從事較複雜或費時的工作，並設定
某個日期，雙方利用電話交談，或以電子郵件或信件溝通。此
時應該確認下一次會面的日期，如果這個日期和原訂的行事曆
有所差異，學生應該提出合理的解釋，以說明改期的原因。越
到最後階段，學生越應該承擔主動聯繫的責任。儘管如此，面
對似乎不太遵守雙方協議的學生，指導教授仍然有加以督促的
責任。

　　不管是掌握思考的發展，或是確保學生在閱讀數量及實際
工作之進展，「期限」都扮演重要的角色。不管短期目標為
何，定期地討論進度與交換意見，不但有助於研究計畫的執
行，也能使學生的研究熱忱不至於降溫。

在提交論文之前發表作品？

　　英國國家研究生聯網曾經提出一個疑問：發表作品是博士
研究中重要的一部分嗎？事實上，完成論文之前在學術期刊上
發表報告，有利亦有弊。贊成的理由是，學生可以學習專業的
論文寫作技巧，汲取發表著作的經驗，還可以有機會提早在相
關研究領域曝光；反對者的主要理由則是這將耗費寫論文的時
間。

　　博士研究的任務是執行特定主題的研究，相關的工作包括
背景之研究、資料的蒐集、結果的校勘與分析以及結論之推
演。在三年的研究時間結束時，學生必須將整個研究撰寫成完
整的報告。正如第六章所說的，在你沒有真正坐下來動筆寫論

文之前，你很難有邏輯地思考整個研究。寫作有助於提升你對
研究主題的了解，也會督促你隨時掌握最新的研究發展。博士
研究不只是為了得到結果，它也是思索的過程，在此過程中，
你必須對問題提出解釋，並且非常有條理地呈現你的研究成
果。

　　人們對於博士研究期間發表文章最大的疑慮是，這恐怕會
分散或佔據撰寫博士論文的時間。由於博士論文的工程浩大，
很多學生只要想到論文，就會出現恐慌症狀。另外一種恐慌症
狀則正好相反—只要不寫東西，心中便充滿罪惡感。面對這兩
種不同截然不同的情緒，寫作卻成了唯一的解藥—但是，書寫
的內容卻不是論文。因此，為了發表而寫的報告具有正當性，
經常被學生用來逃避寫博士論文的正業。如果論文寫得夠專
業，如果不會佔用太多時間，如果發表後被引用並且受到注
意，這些時間花得很值得；然而，如果報告寫得語焉不詳，如
果沒有達到可以在期刊上發表的資格，如果好像還是不太完
整，那麼它可能會使你離你的論文和研究工作越來越遠。基於
上述各種理由，任何為了發表而寫的報告或文章，在事前都應
該經過指導教授的同意，並且和博士研究的過程密切配合。

　　研究生發表作品可能有助於取得博士學位，但是並沒有規
定要求學生一定得發表作品才拿得到學位。國家研究生委員會
的博士研究實施規範準則（Guidelines on Codes of Practice for
Postgraduate Research）中聲明：「指導教授應該給予學生發表
作品的建議，並且協助學生接觸適合的出版社。學生將研究工
作書寫成報告或論文的形式時，指導教授也應該提供建議。」
（第十二條，見npc網站）。

　　然而，要不要在博士研究期間發表任何報告，決定權還是

在你自己手上。如果你認為博士研究是專業技能的訓練，則寫
作、教書或做研究都可以是重要的學習內容；如果你知道自己
想要從中獲取的事物以及你最終的目的，則你可以為自己訂定
某些目標。博士研究對每個學生的評斷標準是平等的（提交一
份原創的研究成果並且為其辯護），如果你達到了這些標準，
你就有自由發展的空間。

博士研究期間的教學工作

兼差式的教學

　　很多研究生所就讀的大學系所可能還有一些教師的缺額；
同時，也有很多學生需要以教學來開闢財源或汲取經驗，以便
為未來的生涯作準備。博士班學生在系所裡兼差一舉數得，因
此，這種情況一直非常普遍。博士班學生教學的內容通常包括
擔任實驗室助理、主持討論會、批改作業、指導大學部學生，
甚至授課等。

　　我們可以從三個方面來說明研究生兼差教學的益處：博士
班學生為忙碌的教授們分擔一點工作；大學部學生可以有熱忱
度很高的老師，並且得到最新的資訊；對於研究生本身來說，
除了可以增加一筆收入以外，如果他們在獲得博士學位後有執
教鞭的打算，這則是實習教學的好機會。然而，從很多實際案
例看來，這些正面的價值恐怕只是過度的樂觀。研究生在教學
技巧方面的訓練非常有限（甚至沒有任何訓練）；這一類的教
學工作所獲得的酬勞並不高，但是卻得花掉研究生很多時間，
更何況並不是所有的博士班學生都有當老師的打算。

通常系所都會和你簽訂暫時性的雇用合約，合約中清楚地定義工作內容，並且根據工作量計算你的收入。以此合約為基礎，除非付給你額外的費用，他們並不能要求你做超出合約所界定的工作。如果你接受了某些教學工作，必須確認是否有收到職務委派的文件，文件中應詳列有關工作內容和鐘點費的各項規定。如果你的鐘點費低於教師組織（大學教師學會，Association of University Teachers；進修暨高等教育教師協會，National Association of Teachers in Further and Higher Education）所建議的費用，那麼你可以依此和雇用單位協商。

助教工作

在大學的允許之下，教學助理可以獲得補助攻讀博士學位，代價是他們必須教授某些學門。教學助理的工作受到很多研究生的青睞，因為他們可以得到攻讀學位的經費來源。不過，各大學（甚至同一所大學內部）對於教學助理的限制或條款差異頗大，有時候教學助理的處境比那些只拿研究審議會補助金（research council grants）的學生還要艱難。由於教學助理是大學正式任用的員工，除了要繳稅以外，他們不能像其他學生一樣兼差賺外快。因此，在人力資源不足的單位裡，教學助理經常被當成廉價勞工。除此之外，很多教學助理攻讀的也是為期三年的全時博士課程，因此，實在無法再承受教學工作的重擔。

國家研究生委員會建議，博士班研究生每週最多安排六小時的教學時間，包括改作業或準備的時間。另一個單位—研究審議會，對於仍有學生身份的研究生，也提出了相同教學時數的建議。

行動要領

1. 了解攻讀博士過程中的六個心理階段。你必須和指導教授以及合作的同學討論,以避免自己在某個階段停滯不前。

2. 和你的指導教授合作,根據本章所述的時程圖,為你的整體研究建構出一個階段性的計畫,這將有助於你在時間架構內完成研究。以此一時程圖檢視自己的進度,並且督促自己持續向目標邁進。

3. 每個階段必須要列出你必須執行的工作內容,使你可以自我監督評估。

4. 採用上述的方式以後,當進度不如預期時,你就必須重新定義短期目標。必要時,應該連長期目標也一併調整。

5. 期限很重要。設定實際的期限,並且努力達成。如果沒有來自外部的時間限制,那麼你應該為自己擬定虛構的期限,並且向指導教授或同學報告,以作為自我督促的方式。

6. 如果你接受了兼差性質的教學工作,或擔任教學助理,應該確認自己收到來自系所行政單位的職務委派文件,其內容應包含有關費用、時數、職責等規定。

第八章

與指導教授的相處

　　本章將討論研究生和指導教授的關係。研究生與指導教授
間的關係非常重要，必須小心謹慎處理，千萬不能漫不經心。
如果研究生能妥善經營師生關係，他們會更了解老師對自己的
期望。一旦他們能掌握老師的「內部情報」（inside
information），可以減低雙方在溝通上的藩籬，並且保持互惠
的關係。

指導教授期望什麼？

　　根據我們的研究，一般來說，不論學科為何，指導教授對
於學生的期望大約有下列幾項：

指導教授希望學生很獨立

　　這一點看起來好像很簡單，其實不然。儘管攻讀博士學位
的研究工作非常強調獨立性，但是在很多時候，「順從」仍然
是必要的──包括順從已被認可的方法論、系所或大學的政策、
發表報告的格式、學科的倫理、以及指導教授認為重要的所有
事情。透過系統與制度，指導教授對於你的工作和進展具有權

威性。基於以上的理由，要在獨立與順從之間取得平衡，的確
是個難題。除此之外，也不要忘記，有很多研究生來自於強調
服從的學校，這樣的背景會使問題更複雜。Dr. Chadwick提到
他所指導的博士班新生Charles時（理論天文學），很坦白地指
出：

> Charles太常問：「再來我要做什麼？」我寧可讓學生自己
> 思考這個問題。他雖然不是最優秀的學生，但是他的進步
> 還算令人滿意。我對他只有一個小小的疑慮：在循規蹈矩
> 的態度背後，似乎少了一些原創性的思考，以致於我說什
> 麼他就做什麼。

在上例中，Charles需要別人幫助他組織研究的結構，但是
指導教授卻認為Charles過度依賴。Charles詢問了系上的其他教
授，希望可以得到建議或指示。以下是Charles在受訪時提到他
的進度，他告訴訪員：

> 沒有人在乎你來不來，也不會有人關心你究竟有沒有在做
> 事。沒有必要那麼拼命——重要的是有人盯著你去做事。

Charles的話強調，如果沒有人嚴格監督，就不用做事。他
需要的指示超過指導教授的預期。他希望Dr. Chadwick可以評
估他的研究成果，而非由他自己判斷。Charles應該多和Dr.
Chadwick討論有關於自己難以獨立的問題。當然，說比做容
易。首先，學生要找到問題。其次，他要鼓起勇氣把問題提出
來討論。（帶著這本書，翻到這一頁，可能會有幫助！）如果
Charles可以勇於提出自己的問題，那麼他的不愉快和指導教授
的失望，都是可以避免的後果。

指導教授要的不只是草稿

　　好不容易完成某些工作時，你不但會覺得鬆一口氣，也會很有成就感，常常忍不住要立刻交到指導教授手中─特別是當你一再錯過繳交期限的時候。然而，花點時間和力氣把工作做到最好再交給指導教授，這是基本的禮貌。千萬不要指望你的指導教授會像文字編輯一樣，幫你校對或修正論文。

　　請他人為你的工作成果提供評論或建議，可以使你和指導教授的討論發揮最高的效益。同時，這也可以促進你和其他人的聯繫，包括那些有興趣知道你的研究內容或進度的人。研究者對生活的不滿可能來自於各種原因，其中很重要的因素是覺得知音難尋，沒有人了解、在乎自己的工作。這種感受使研究者萌生一種疏離感，甚至覺得自己做的事一點都不值得。如果想要克服這種感覺、並從外界吸收能夠提高工作士氣的能量，不妨試著和一、兩個人保持密切的聯絡，讓他們了解自己的工作狀況，這將是個很有效的方式。

　　這些人可能是老師或其他研究生，你和他們建立一種交流的自助關係（exchange self-help relationship）。他們也可能是其他在你的生活中扮演重要角色的人。讓別人了解你的工作狀況，最好的方式是經常和他們談談有關研究的事。如果你把自己寫好的稿子給他們閱讀並且評論，將獲得你意想不到的結果─你不但不再覺得工作乏味至極，而且還能讓你的研究主宰你們的關係。此外，他們覺得自己的意見受到一個博士班研究生的重視，是件鼓舞人心的事。這意味著不只指導教授或地位較高的前輩才能提出批評，你必須準備好（樂意地）接受同儕的批評。但願這些反應都具有建設性，使你也能夠從中得到有益

的建議，包括重新思考一個觀念、重新建構某些段落。有的時候由於你對研究的熟悉度，使你未能清楚說明某些詞彙，你也可以藉此機會加以釐清。

如果你謹慎地選擇讀者，在你把作品交給指導教授評論或在雙方討論之前，你可能決定重寫某些細節。藉由這樣的方法，你將（a）至少和另外一個人建立關係，持續和他（們）討論的研究工作；（b）你交給指導教授的作品已經有某種程度的修正，不再是最初的草稿。

不管是最後的論文，或是可能提交到研討會或期刊的論文，它們所呈現的格式會很重要。因此，你交給指導教授的報告應該都以文書處理形式（word-processed form）呈現。這是你一定要具備的訓練與技能。先花點時間讓自己的作品變得容易閱讀，讓你和指導教授的討論可以更有效率，同時也更便於讀者提供評論或建議。

指導教授希望定期和研究生會面

定期性的會面可能以每天、每週、每月、每學期，甚至每半年作為週期。會面的頻率越高，彼此越能不拘小節地交談，並且有助於營造一種鼓勵討論的氛圍。如果指導會議舉行的頻率較低，通常在形式上會比較正式，而且雙方都必須刻意地為會面做準備。通常指導教授會建議每四到六週見面一次。不過，你最好在師生關係一開始形成的時候，就和老師討論有關於會面頻率的問題。我們在第二章已經討論過會面頻率高低之利弊得失，因此你和指導教授應該建立讓彼此都覺得滿意的規則。

你的指導教授必須從緊湊的行程表中，安排和你（以及其

他研究生）會晤的時間。為了使你們的會議有效地進行，指導教授在和你見面之前必須要花些時間思考關於你的研究及其他相關問題、閱讀你交給他的資料，並且為指導會議準備一個中心主題。為了能夠盡可能地向指導教授學習，從你和指導教授訂定會面的約定，到會面的日期之間，一定要有一段充裕的時間讓彼此做準備。最好的方式是在每次會面時都先約定好下一次見面的時間。另外，準時赴約也是很重要的。如果你遲到了，將有礙於會面的進行─有可能是縮短會面的時間。這樣一來，時間變得很匆促，你的指導教授可能沒有時間清楚地說明或討論。如果你突然取消會面，指導教授的準備可能就白費了。這樣的行為對你們未來的關係不但會有不良的影響，恐怕往後指導教授也不會嚴肅地看待你們的約定了。

　　在與指導教授相處的時候，樹立良好的模範是很重要的。如果你發現你的指導教授似乎不是很盡責，或許你可以從自己做起，建立典範，以督促指導教授。藉此，你除了讓指導教授知道你希望他事先能有所準備，也表達了互相尊重的誠意。你甚至可以在會面前的一兩天打電話向指導教授確認，並且詢問自己是否忘了什麼。在個別指導會議結束以前，你也要確認雙方對下一階段的工作已經達成共識。

指導教授希望學生誠實報告進度

　　指導教授不是傻瓜─至少，大部分不是。總是不見蹤影的研究生想要用「事情進行地相當順利」、「很快就會交出草稿」或「即將需要和你見面」的花言巧語矇騙指導教授，通常很難過關。有些學生雖然偶爾出現，高談闊論他們手邊的工作、新想法或下一步計畫，但是卻從來沒有提出任何具體的成果，如

數據、圖表、實驗結果或書面報告等,這類型的學生也很難說服指導教授。

如果有問題,如果碰到障礙,如果你已經失去信心,如果你遭遇到一些關於家庭的麻煩,只要有任何會干擾研究的事情,你一定要讓你的指導教授知道。

當指導教授應學生要求而給予建議時,他們希望學生能接受建議

這樣的期許看來再合理不過,但是令人意外的是,指導教授的期望卻經常落空。舉例來說,Bradley問指導教授Mrs. Briggs,自己的閱讀方向是否正確時,Mrs. Briggs告訴Bradley,他應該對浪漫文學有所了解,她認為Bradley只讀兩個作家的作品,並不足以全盤瞭解這個主題。然而,Bradley決定只選擇四個作家,熟讀他們的作品,而非「同時閱讀多方面的作品」。他的博士研究主題是某個特定作家的特定作品,因此他不覺得自己有必要閱讀其他人的作品。換句話說,當他得到不符合自己所預期的答案時,他便選擇忽略!

指導教授希望學生有研究熱忱,並且充滿驚喜與樂趣!

如果連你對自己的研究都沒有興趣,還會有誰關心呢?你如何激發別人的興趣和熱情?當研究生本身對自己的工作充滿熱忱時,也能引起週遭人們的關心。熱忱是具有感染力的,它使人們和你一樣,想要了解你的研究,並且願意打開交流的大門。能夠被熱忱與關心所包圍,無疑是件令人士氣大振的事情。在一個沒人在乎的環境中埋頭苦幹,和在關懷與分享中努

力不懈，兩種情況有如天壤之別。

　　當然，在保持熱情與令人難以忍受的叨叨不休或自負之間，還是要劃清界線。如果你能夠維持高度的動機，你的研究生涯不但會充滿喜悅與希望，在面對指導教授時，也更能主動地建構一個熱絡的師生關係。

　　如果你想要成功，必須要讓你的指導教授眼睛一亮，也就是讓他認為你對於這個主題的瞭解已經超越了他，畢竟，獲頒博士學位也意謂著你對某個研究主題已經稱得上是專家了。因此，儘管你的指導教授對於相關領域也非常專精，但是無論如何，對於你手上的研究主題，你一定會知道得比他還要深入。因此，指導教授自然覺得你能夠不斷地提供令他驚喜的情報、證據或想法。不過，如果你過於離經叛道，這就不是指導教授期望得到的「驚喜」──例如，打破專業的行為準則或道德標準。因此，和指導教授相處時，要令他充滿驚喜或覺得震驚，你必須拿捏得恰到好處。

　　記得，最好保持趣味盎然！也許你覺得這樣的要求未免過分，不過，不妨想像一下：當你和喜歡的人共事時，你的工作一定變得有樂趣多了。然而，如果和你共處的人令你覺得厭惡不已，三年的時間可能就像一輩子這麼長。換句話說，在決定研究主題之前先找到合得來的指導教授，與先選擇研究主題再尋找與之相關的指導教授，相較之下，前者似乎是較明智的做法。因為你可能突然不喜歡某個人，而你的指導教授也可能會有這種情緒。當然，或許情況不見得總是那麼極端，但是攻讀博士學位本身就是一場情緒變化極大的馬拉松經驗，你必須盡可能地減低可能的風險。

　　如果我們以人際關係的觀點來看，不管一開始的不滿是多

麼微不足道，經過時間的累積，再小的不滿都會漸漸擴大、甚
至扭曲，以致於到了幾乎無法容忍的程度。這是相對的事情，
因此，如果指導教授的期望能夠獲得滿足，你也會得到好處。
這並不是指你要花時間想些新花樣來取悅指導教授，也不是要
你刻意爭取和他相處的時間或打入他的社交圈。只是希望你能
採用第二章所提到的建議。如果你能夠謹慎地選擇指導教授，
並且讓彼此對師生關係的運作方式達成共識，那麼你將可以避
免日後一連串棘手的問題。

　　正如很多長期關係一樣，你和指導教授的關係也會隨著時
間而產生變化。如果你能小心翼翼地踏出第一步，你們會越來
越欣賞對方，你也會發現自己和指導教授的相處原來可以這麼
有趣。同時，當你們能夠合作無間，你所享受的樂趣會激勵你
更投入研究工作。

教育你的指導教授

　　我們已經討論過，在你的研究過程裡，你必須讓指導教授
掌握你的進度和各項新發現。上一節也提到，你對於某些特定
的技術、方法或主題的認識，會漸漸超越指導教授。

　　至於要如何讓你和指導教授間的相處發揮最大的效益，這
則涉及了教育的計畫與訓練課程。所謂訓練課程係指滿足指導
教授的期望，並且以你的需要和條件來塑造他們的表現。教育
計畫則比較容易執行，畢竟，與其承認你的指導教授不知道如
何指導學生，或是直言你對研究主題瞭解得比指導教授多，後
者似乎比較容易讓人接受。你應該盡可能地提供一些令人振奮
或驚喜的資訊，以提升教育計畫，讓你的指導教授對你的發現

總是保持最高的興趣。這些努力也可以讓人覺得你是個趣味盎然的人！

　　教育的方法和內容也很重要，而且也不像乍看時那麼簡單。如果你以為指導教授的知識非常有限，或是在言談中明顯地表現出你認為指導教授和自己所專精的研究主題有很大的差異，那麼你和指導教授之間的關係可能會蒙上陰影。你可以提到任何有關於你的研究結果或新發現。而事實上，你也非提不可，因為這樣才能證明自己有所進展。當然，你也可以讓指導教授知道你閱讀的書目或是與他人的討論內容。但是，你的表達方式一定要避免讓教授覺得你認為他們對這些資訊一無所知。換句話說，當你提供教授各種資訊時，應該要讓他覺得你假設他已經對此有所知悉，而你是在他之後才獲知這些訊息。藉此方式，你才可能成功地教育你的指導教授。

　　隨著時間的累積和你的進步，採取這種方式的必要性會逐漸減低。如果你小心處理種狀況，你會發現你和指導教授的關係會漸漸改變。一一開始，指導教授引導並監督你的研究工作。漸漸地，你能夠主導、控制自己的研究。你不再總是依賴指導教授提供訊息或等待他的指示，但是卻可以和他討論、激發想法。你會傾向於把指導教授當成一片共鳴板，或是一個可以提出對立觀點的專家。對你來說，指導教授不再是老師，反而比較像同儕，師生關係間的不對稱性便得以減低。事實上，你應該以這一類師生關係為典範，並且努力達成。

　　也許你非常專精於某項技術或方法，你的指導教授如果沒有具備相當的知識或實際經驗，將無法檢驗或複製（replicate）你的研究。即使對你的研究存疑，他仍然很可能會認可你的研究可信度。在這種情況下，你有必要思考為什麼你會得到這樣

的結果，並且和指導教授進一步討論這個問題，而你對證據的詮釋，必須禁得起嚴格的檢驗。這對你來說很有幫助，因為這能夠使你練習如何辯護自己的研究，這種辯論技巧有助於你應付口試，並且使你在任何研討會或小型討論會的發言與報告更得心應手。這是一種雙向的學習──根據指導教授的提示，你能夠掌握最重要的問題，以及尋找這些問題的答案。指導教授則從你身上學到方法論的新發展及其對此一學門的潛在影響。

如果指導教授感受到你對自己的研究具有信心，並且學會尊重你的工作，那麼你可以比較輕鬆地教育指導教授。研究生不是指導教授的負擔，而是一種助益，指導教授也很清楚這一點──研究生促使忙碌的指導教授持續接觸這個領域中的新發展與新知識。想要讓指導教授在你的研究過程中發揮最大的助力，你必須確認他是否真的了解你的新發現。

如果你正處於這個階段，並且覺得指導教授似乎不太關心你的研究，或許你可以有技巧地提出試探性的問題，詢問指導教授自己的報告是否有資格在研討會上發表，這樣一來，指導教授會比較確實而具體地評估你的研究成果。

如何打破溝通上的藩籬

顯然，你必須教育指導教授，使他成為容易溝通的人。方法有很多種，除了上述已提及的部分，現在我們將更進一步地探討這個問題。

首先，你必須了解並且謹記在心：指導教授真正做的事情和學生覺得指導教授應該做的事情，兩者之間通常有所差異。舉例來說，指導教授撥給研究生的時間包括思考關於學生的事

情，以及閱讀報告或個別的指導時間。

　　對於指導教授花費在你身上的心思和時間，你應該表現出
了解與感謝。表現你的感謝，能夠使你們之間更加坦白，而不
再侷限於純技術性的對話。事實上，有很多指導教授把討論的
重點完全置放在實際的研究工作上，但是卻疏於經營博士研究
過程中極為重要的師生關係。他們可能從來沒有坦率地或自在
地討論過他們認為是「私事」的事情。

　　Andrew教授和Adam的師生關係是個很好的例子。Andrew
提到他和Adam的指導會議時說：「他離開時的情緒看起來總
是比剛到達的時候好。」但是Adam本人的說法卻大相逕庭：
「我還不知道要如何告訴他，每次的指導會議都讓我覺得好挫
折。」在這個例子中，這對師生之間的溝通顯然出現了嚴重的
裂痕。Andrew誤讀訊號，使得Adam無法按照Andrew的建議行
事，其中有一部分是的原因是， Andrew並未說出符合Adam期
望的話，也不認為他們之間有任何問題，這令Adam備感失
望。如果Adam可以及早處理這個問題，對指導教授坦白地說
出自己的感受，或許可以為彼此建立一個誠實而互信的關係。

改善指導的品質

　　與指導教授的相處中，有一個非常基本的要點──激發廣泛
的討論，藉此你可以減少溝通上的障礙。身為學生的你，最好
能夠負責規劃個別指導的內容，甚或列出一個討論清單。有必
要的話，你還可以請指導教授也列出他認為需要討論的問題，
兩相對照之後再擬定共同議題。在這個過程中，通常都要釐清
一些誤解。

　　如果你想要和指導教授討論所謂的「禁忌話題」，你應該

以直接了當而有條不紊的方式，表達你想瞭解問題的渴望。從
一個比較籠統、和真正研究工作沒有直接關聯的問題著手，是
個不錯的方法。但是，也要小心不要針對太過私人的問題。例
如：

我是否已經充分利用各種學習的機會？

你覺得我可以在兩次的指導會議之間的時間內完成工作
嗎？

你是否滿意我對你的評論之運用？

你是否滿意我對你的指導所表現出來的態度？

你覺得我們如何才能夠更有效率地合作？

這一類的問題可以自然地在對話中帶入有關雙方關係的問
題。如果指導教授不覺得自己受到不公平的判斷，他們會更願
意敞開心胸，那麼你就不需要採取某些防衛性的策略。

第二章曾經提及一個可以減少溝通障礙的方法——和指導教
授討論你對博士的期望，以及你對於彼此在工作上的關係有何
種期許，這是一件重要的工作。如果你們有了非正式的「契
約」，規定在各階段你們分別應該花多少時間互動，當實際狀
況有違此一契約的內容時，你們就有討論的依據。由於你的需
要會隨著時間改變，因此，在契約中最好先講明，彼此每隔一
段時間（也許是一年一次）就要調整或修正契約的內容。當彼
此的相處出現問題時，這樣的契約將有助於情況的改善。

在第七章，我們曾經強調「期限」的重要性。而「期限」
也是你在管理與指導教授的關係時，很重要的一項策略。在每

一次的指導會議結束之前，你應該確認彼此是否都做了相關的紀錄。下一次見面的時間離現在是遠是近並不是最重要的，重要的是你們必須訂出下一次個別指導的日期和時間，使你明確地知道你將在何時再度與指導教授討論。

　　我們曾經提到，對你來說，有效果的回饋是必要的。因此，在指導會議即將來臨時，你必須協助指導教授充分地利用時間。我們要再度強調，只有當你問對了問題時，才能得到有用的解答。如果你的指導教授說「這一節不好。」你應該回答——當然，並且要很有技巧地說——「具體地說，你覺得哪裡有問題？」問題可能在於文法結構不正確；可能是概念的設計容易誤導或混淆讀者；也許該節和全文的關聯性不夠強；也可能是其他問題。你必須清楚地瞭解問題究竟出在哪裡，以及應該如何改進。也許你需要整節刪除、移到報告的另一個部分，或是在改寫之前重新思索架構。你必須盡可能地提供訊息，以幫助指導教授清楚地表達究竟他覺得哪裡有問題。如果你獲得了正確的答案，你就能進行下一步的工作。你也可能不同意教授的看法，因此要求進一步的討論。或許你會提出修正後的觀點，以說服指導教授。你也可能在彼此的同意下著手修改。

　　也許你更需要讓指導教授了解，攻讀博士學位對你究竟具有哪些意義。在第三章，我們敘述Mrs Briggs對博士學位的想法，她認為相較於寫書，博士研究真是令人厭煩；她覺得博士研究只是為了在大學裡教書做準備，並且花至少三年的時間鑽研一個純理論的問題。然而，正如我們一再強調的，一名博士必須受過做研究的訓練，並且具備專業研究者的標準與素養。獲頒博士學位的人，其權威不但受到認可，也意味著對其專業之肯定。因此，攻讀博士學位期間的嚴格訓練，是達到專業水

準的必要基礎。

　　從這個觀點來說，在系上定期舉行討論會似乎是一個管理師生關係的有效策略，你和其他的研究生可以分享關於研究的想法，並且討論遭遇到的困難。你們可以向指導教授擔保，這樣的討論不會佔用他太多時間，因為你們會妥善地安排一切事宜。除此之外，這也使你和指導教授之間除了討論你的研究以外，還有其他看來並不直接相關、但卻可以激發思考的話題。

　　千萬記得，一定要把每次指導會議的內容以簡短的摘要紀錄下來，並且讓自己和指導教授都有備份。這樣一來，雙方以此為參考，為研究和指導的進度建立一個連貫的紀錄。有很多不同的方式可以系統化地掌握研究進度的發展：學生可以把討論的內容用備忘錄的形式記下來，除了比較不會忘記指導教授提出的建議之外，也可以將自己在下次指導會議之前應該完成的工作，紀錄在備忘錄中。對指導教授而言，做摘要可以提醒自己掌握學生的研究狀況，有效地避免混淆不同學生的研究內容。除此以外，如果雙方很不幸地發生了嚴重的爭論，這個摘要可以用來查證過去曾經達成哪些共識。

　　最後，如果你想要成功地教育指導教授，千萬不要讓自己成為指導教授眼中予取予求的麻煩人物。你應該總是誠實地說出自己的困擾，提出來的問題或要求也應該直接而明瞭。暢通溝通管道，是你自己的責任。畢竟，當雙方有所誤解或溝通不良時，損失最嚴重的就是你。儘管你和指導教授之間不可避免地會有某種程度的摩擦或歧見，但你仍然應該盡可能地讓彼此成為分享成果的合作夥伴。

更換指導教授

　　當你不滿自己和指導教授之間的關係時，可能會考慮換一名指導教授。在此我們所說的更換指導教授，指的並非因外力造成的不得已狀況（例如原來的指導教授離開了學校），而是由你主動提出變更要求的狀況。

　　學校通常有正式的機制讓學生有更換指導教授的管道。但是，我們必須強調，千萬不要輕率地做出這種決定。在研究剛剛起步時的幾個月，你還在試著從廣泛的興趣中找尋自己的研究主題，往往很容易就發現自己和指導教授的興趣沒有交集。然而，一旦過了這個階段，如果你因為其他原因想換個指導教授，那麼，我們奉勸你一定要三思而後行。

　　更換指導教授好比是學術上的離婚一樣。透過正式的（合法的）的機制更換指導教授，雖然達到了目的，但卻無可避免地必須承受很大的情緒波折。當學生提出更換指導教授的要求時，對於指導教授的專業地位和自尊都會造成嚴重的衝擊。因此，這是個很難處理的過程—而且經常以兩敗俱傷的局面收場。

　　在這個過程中，利用第三者來調停，是很重要的策略。所謂的第三者可能是研究副教長（Sub-Dean for Research）、博士課程的召集人、高等教育委員會的主席或是研究導師（Research Tutor）—雖然頭銜各有不同，但是擔任調停角色的人通常相當程度地涉入博士指導工作的系統中。由於系所主任要為該系所的學術工作負起整體的責任，因此，如果沒有特定的人選可以擔任調停人，你可能就得求助於系所主任了。

　　第三者的重要性在於其有助於提升溝通效果，使你和指導教授可以瞭解問題。另外一個很重要的功能則是，如果變更指導教授是不可避免的決定，調停人可以在最不傷害指導教授的情況下，讓他接受這項事實。同時，第三者也可以先與新的指導教授聯繫，說明狀況或提供建議。你的前後任指導教授彼此之間也是同事，有了第三者從中斡旋，也可以降低他們之間的尷尬與不自在。

　　我們來談談Nick的例子。Nick原本對管理作業領域裡的某個主題感興趣，這是一個還有待發展的主題。第一年，他參與了由所有管理研究博士班學生所舉行的討論會。經過幾個月以後，他開始覺得指導教授Dr. Newman給他的研究方式建議不像給其他研究生般的直接，他認為Dr. Newman的指示常常不著邊際又過於描述性。在Dr. Newman的想法中，她覺得Nick總是忽視她的建議，也認為他不想腳踏實地的投入這個研究主題。對Dr. Newman來說，研究者投入與否甚至比研究方法還要重要。

　　正如很多學生和指導教授的相處狀況，Nick和Dr. Newman共事的第一年，幾乎都是在一種不安的情緒下互動：Nick認為Dr. Newman並未真正了解研究是怎麼一回事，而Dr. Newman覺得Nick想要做的研究並不真的和她的專業領域相關。一直到第一年快要結束的時候，博士課程主任感受到他們對彼此已經產生明顯的不滿，於是分別和他們討論變更指導教授的可行性。

　　Dr. Newman相信Nick的研究和她的領域的確沒有太大的關聯，所以她也同意應該由更適合的人選來幫助Nick。新的指導教授也準備好接納這名新研究生，而Nick更是高興自己有重新開始的機會。在這個案例中，第三者主動地提出變更指導教授

的建議，並且盡量讓三方都了解相關狀況，最後才能順利地完成變更。雖然Nick已經浪費了一年，但是他後來還是順利地拿到另一個領域的博士學位。即使如此，Nick和Dr. Newman卻還是刻意地躲避彼此，絕口不提過去這段師生關係。

　　另一個例子則是研究電腦系統分析的Monica，她也面臨了變更指導教授的難題。她對於自己受到的指導覺得很不滿，當她已經獲得博士學位後的一年，提到這段經驗時，她一邊哭，一邊試著找出貼切的語言描述她的感受。她說：

> 我知道自己如果要得到高等學位，一定會備感艱辛。我需要有一個比較強勢的人來指導我。撇開指導教授的角色，Dr. Montague是個好人，但是他並不適合我。我們之間從來沒有建立任何關係，這段時間對我來說，只有痛苦兩個字可以形容。

　　Monica從來不覺得Dr. Montague認真地看待她的研究。他通常在自己的家中指導Monica，他的孩子們常常分散他對Monica的注意力。他的評論總是正面的支持，但是Monica卻覺得這種評論缺乏批判力，因此沒有實質的助益。此外，Dr. Montague幾乎從未提出任何建議，讓Monica可以做為發展研究時的基礎。

　　顯然，這種狀況需要當機立斷地尋求解決方式。Monica大可明確地要求Dr. Montague在工作時間、在他的辦公室裡和她會面，使兩人有充分的時間、專心地討論她的研究。她也可以坦白地問Dr. Montague，自己應該如何改善研究。

　　事實上，Monica最後找到了另一個非正式的指導教授，她覺得這個指導教授的確嚴蕭地看待她的研究工作。Dr.

Montague並未對此事做出評論。Monica找到的這名指導教授是代理系主任，他鼓勵學生們主動提出研究議題。這種曖昧的情況持續了一年半的時間以後，學校才正式地變更Monica的指導教授。

聯合指導

如果你的研究領域或主題具有跨學門的本質，也許會有人建立你接受聯合指導。你的學校可能有一套訓練指導教授的制度或計畫，這種計畫相當類似過去國家學術獎項委員會（Council of National Academic Awards）請有經驗的老師來訓練新老師。也許你需要特定性別的指導教授。有些大學也會聯合他校師資來規劃該校的指導教授陣容。你的系所可能會採用「指導團」（supervisory panel）制度，由三名（或更多）教授負責確保你有令人滿意的進展。無論原因為何，你可能會同時擁有兩名以上的指導教授。

乍看之下，有多於一名的指導教授幫助你，似乎是個不錯的點子，畢竟，這意味著有兩位或三位指導教授會參與你的研究。然而，水能載舟亦能覆舟。你必須了解，就算你只有一個指導教授，這並不意味著你絕對不能尋求其他專業人士之協助。只要你需要他們的幫助、建議或批評時，你就可以這麼做，也應該這麼做。重點是，在你這麼做的同時，你也要讓真正的指導教授知道你正在進行的討論或最新的發展，通常他也不會反對你的做法。

說到這裡，我們似乎還沒有說明聯合指導制度有何缺陷。定期和你的兩名指導教授進行三方會談是很重要的。然而，你

必須牢記，這種會議型態對你來說可能是個問題—學生面對多
位老師時總是會覺得侷促不安。你可能會覺得他們是一群具有
權威的人，聯合起來應付你，使你不得不隱藏真正的想法或感
受。為了避免這種狀況的發生，如果你真的有這樣的感覺，就
應該要讓指導教授們知道你在這方面的困擾。

　　上述只是聯合指導的缺點之一，事實上聯合指導在運作上
必須格外小心。一旦你發現自己似乎面臨下述問題，你就應該
要做好處理的準備。這些問題導源於：

- *責任的擴散*　如果指導教授之間的職責沒有清楚的分
  野，很可能每個人都覺得別人才是主要的負責人，所
  以自己毋須承擔主要的責任。即使這種感覺只存在於
  潛意識層次，也可能嚴重地削弱責任感。有些案例甚
  至顯示，指導教授們可能會利用學生進行權力鬥爭。
  你必須在開始的時候就解決這個問題，每個人明確地
  知道誰應該在何時做何事。處理這個問題的最好方式
  是大家對各自之責任分野獲得共識與協議。

- *互相衝突的建議*　分別和不同指導教授見面的可能性
  必定高於同時和所有的指導教授見面。他們彼此之間
  通常不會有事先協商的機會，所以你極有可能得到互
  相衝突的建議。如果衝突性不高，學生最常採取「全
  部都做」的方式。然而，這通常導致你的工作越來越
  多、進度卻越來越慢。

- *引發指導教授的內閧*　並不是只有指導教授的行為會
  導致問題，你也非常……可能成為問題的導火線。如
  果你覺得挫折、疏離，或是必須做一些非你所願的工

作，那麼你可能正把時間和精力花費（浪費）在製造
指導教授的爭端上。千萬切記，你要盡可能小心避免
這種狀況的發生。為了防止這個問題，或許你可以不
要一視同仁，而是將某一位指導教授當成首要引導
者，而另一位教授則扮演支援的角色。

• **缺乏整體性的學術觀點**　聯合指導最困難的一點恐怕
是無法像單一指導教授一樣，可以提供一個整體性的
觀點來建構你的論文。誰能夠像外部審查委員一樣採
取整體性的觀點來評估或批評你的論文？因此，這種
情況也相對地提高學生自我評價能力之重要性。

　　基於上述理由，聯合指導並不見得是最佳選擇。不過，在
某些情況下，聯合指導也可能運作得非常成功，如以下的「黃
金定律」（Golden Rules）所示：

1. 你應該堅持進行共同會議的必要性，由你和指導教授們
　一起討論如何發展研究計畫，並且安排至少一年一次的
　共同會議時間，同時，你要特別要將上述提及的問題謹
　記在心。

2. 你必須總是讓每個指導教授獲悉你最近的研究成果，並
　且註明這純粹是「參考用的情報」（for information only）
　或是希望教授們「給予指教」（for comments）。當然，
　指導教授的回應必須根據你們之前對於責任範圍所達成
　的協議而定。

3. 讓每位指導教授知悉你的工作狀況，也讓他們知道每位
　教授分別對你的研究有何回應。

不適當的私人關係

　　大多數的學術機構都規定，研究生的朋友或家人不得擔任其博士資格之審查委員，但是選擇和你關係親近的人（如配偶或父母）作為指導教授，並不在規定的範圍之內。但是，這種狀況可能產生諸多不利，正如學生和指導教授發生戀情一樣。

　　問題出在於指導教授的角色和父母、丈夫或戀人的角色有很嚴重的矛盾與衝突。首先，以指導教授的立場來說，指導工作無可避免地牽涉到大量的專業性批評（但願也有建設性），但是這些批評並不是指責。只有在純粹而專業的關係中，才可能使批評產生正面效果。如果彼此之間的關係含有過多無關專業的私人性、情緒性本質，面對批評的時候，學生可能會覺得氣憤，也可能反而變得越來越依賴。不管是哪一種結果，都會使學生無法成為完全專業而獨立自主的研究者。

　　其次，和指導教授間有特殊的私人關係，可能會導致學生在系上的人際關係問題。舉例來說，他可能會發現系上其他老師或學生並不願意接近他，使他缺乏互動、討論或其他學習機會。同學和老師們之所以對身分特殊的學生保持距離，主要因為他們覺得不自在，更擔心自己的一言一語最後都會傳到系上某位指導教授的耳裡。這種私人關係剝奪了學生認識新朋友的機會。如果學生被視為和系上高層指導教授有「特殊關聯」，可能連平常性的互動與合作，都會令其他老師或同儕備感威脅。

　　我們堅定地認為，為了人際關係和研究的發展，以及和同儕間的良性互動，你應該避免選擇和你有私人關係的人擔任你

的指導教授。正如很多醫學或心理學專家傾向將醫病之間的戀情視爲禁忌一樣,指導教授和學生之間的戀人關係──不管是同性戀或異性戀──也具有高度的爭議性,並且經常被視爲有違專業倫理的行爲。

行動要領

1. 你必須體認自己有責任管理和指導教授之間的關係,絕對不可草率處理這個重要的問題。

2. 試著滿足指導教授對你的期許,就算你做不到,也不可以選擇忽略,而是要將問題提出來討論。

3. 你必須持之以恆地教育你的指導教授。首先是有關於你逐漸專精的研究主題,其次則是讓指導教授了解,哪一種指導方式可以爲你的專業發展帶來最大的裨益。

4. 利用各種策略移除你和指導教授間的溝通障礙。除了研究內容之外,你可以在不同的時機提出不同的討論話題,包括彼此的工作關係、期限的設定、攻讀博士對你的意義、各種有關研究生之規定的適切性等。

5. 在每一次指導會議結束前,應該確認是否已經約定並且記下了下次會面的日期。你必須準時赴約而且遵守工作的期限,才能促使你的指導教授也像你一樣地盡責。

6. 你應當幫助指導教授,讓他對你的研究做出有效的回饋。你要隨時提出相關的問題,以確保自己完全了解指導教授對你的要求或建議。

7. 如果你很認眞地考慮更換指導教授,應該尋求適當的第三者作爲調停人。

8. 如果你接受的是聯合指導，你應該考量自己的利益，思索是否要對所有指導教授一視同任，或是讓他們有主副之分。確認你的指導教授們，每學期至少會以電話聯絡一次。

9. 避免和指導教授之間有不適當的私人關係。

第九章

弱勢學生的求生法則

　　英國大學的系所裡充滿白人男性的全職教師，女性大多位居較低的職位，或是以短期契約的形式受雇，而黑人教師或兼職教師的數量更少。對於一個不屬於優勢團體的研究生來說，這樣的環境有什麼影響？他們可能會面臨被歧視的問題，包括在種族、性別、性傾向、年齡等各方面，除此之外，這個社會更對失能者設下各種限制。因此，我們有必要透過公平機會的政策與執行，來幫助備受歧視的族群。

兼職學生

　　剛開始的時候，博士學程的規劃係以「三年全時」（three years full-time）的概念為基礎。對兼職學生而言，這意味著什麼？有些學術機構提供了特殊的高等學位學程，讓兼職學生可以在傳統的大學系所中攻讀研究學位（research degree）。事實上，兼職研究生的數量有逐漸攀升的趨勢，有時候甚至成為系所中的多數。然而，兼職學生的確會遭遇到一些全職學生無須面對的問題。

　　兼職學生的主要問題是，他們必須重複地往返於工作與研

究之間。基本上，這是心理層面的問題，當然，時間也牽連在內。在專注地工作了一整天以後，還要為博士研究勞心勞力，很多兼職學生覺得這種生活方式令人難以承受。他們好不容易花了很多時間進入狀況，卻發現自己連睡覺的時間都不夠了。此外，當他們真的融入工作以後，常常欲罷不能，以致於休息的時間越來越短。

　　兼職學生表示，他們通常利用週末的時間進行博士研究的工作，問題是這種方法常常讓他們自怨自哀地表示，自己為了研究和寫作犧牲了空閒時間。一旦他們開始有這種念頭，很容易為自己覺得不值，漸漸地萌生放棄追求博士學位的念頭。

　　追求高等學位的兼職學生還必須考量金錢方面的問題。他們通常都要負擔自己的開銷，而且他們所從事的工作可以讓他們有時間一面攻讀博士。這意味著他們可能必須減少工作時數，或是不支薪請假。在沒有辦法從事一份正職工作的情況下，不但拿到的酬勞比以前的工作低，以致於陷入財務問題。這些情況都是一些兼職學生在為期數年的博士學程中所描述的親身經驗。

　　綜上所述，我們不難體會，連全職學生都覺得困難的博士歷程，對兼職學生而言會是多大的挑戰。雖然兼職學生的成功並非遙不可及的夢想（通常這樣的成功更令人讚許），但是你必須做好準備，全力以赴。

　　那麼，兼職學生如何在既有的壓力下攻讀博士學位呢？我們在此提出幾項建議以供參考。同時，一旦你開始認真思考自己的處境，也希望你可以依自己的生活型態找到更適合的方式。

- 盡可能地找一個和你的工作有關的研究主題。由於你將花費許多時間在工作上，這將能使你能夠充分地利用工作的資源和設備。除此之外，謹慎選擇研究主題，也能避免自己不斷地花時間適應轉變。

- 和自己訂定契約，挪出某段時間進行博士研究。或許你可以規定每隔兩個禮拜的週末、銀行休假日以及在每週的工作日中找出連續兩天晚上，作為你的研究時間。如果不這麼做，以後你可能得常常為了博士研究請一個星期的長假。

- 如果你可以從每週的工作日中找出一整天的時間做研究，那麼這一天最好能夠在你其他的研究日前後。目前越來越多人從工作日中找一天休假以便做點別的事情，這樣的趨勢對兼職博士學生來說是很有利的。舉例來說，如果你把整個週末（週六與週日）預定為從事博士研究的時間，那麼你最好選擇星期一或星期五作為你的非周末休假日，以便有連續三天的時間專心做研究。如果不這樣安排，你可能每次都得浪費時間回想上一次究竟進行到哪個階段。

- 不管你的決定是什麼，一定要事先把家務和工作的事情處理好，讓生活中和你有密切關係的人瞭解你的時間安排。擬定一個符合需要的計畫表，並且以此督促自己。

- 和同學、指導教授、系所互動或參加各種討論會時，可以參考本書提供給所有研究生的建議。至少要和指導教授以電話或電子郵件的方式聯絡，以避免自己半途而廢。

海外學生

目前英國對於海外學生所持之態度主要可分爲三大類。首先是關於學費來源方面。有人用「送上門來的鈔票」來形容海外學生，結果使海外學生被當成搖錢樹，但是卻無法享有眞正的學術資源。第二種態度是將學生視爲英國對第三世界國家或不列顛國協的恩澤。這種態度使人們在面對海外學生時產生一種傲慢而父權式的心態。第三種態度則是以海外學生的數量證明學校的國際化程度，在這種情況中，人們通常會以合作的態度對待海外學生。以上的說明可能使你恍然大悟，原來自己的遭遇無關於你個人的因素，而是源自於系所或學校看待海外學生的方式。

海外學生繳交的學費比英國籍學生高，這是第一種態度的形成基礎。同時，當學校缺乏經費時，可能會拒絕合格的英國籍學生之入學申請。

以下是幾位指導教授對於這個情況的看法：

我們和海外學生做生意。英國籍學生就算想要多付點錢也沒有辦法。現實的狀況是，我們可以接受很多付費較高的學生，但是卻只能提供有限的低學費學生名額。（哲學）

我們不能把學生當成搖錢樹，這是道德上的問題。（商學）

我們不能沒有限度的接受申請。今年我們的低學費名額早就已經額滿，只好不得不把優秀的學生列入候補名單中。

高學費的學生以同樣的程序申請，但是卻不必和本國的低學費學生一樣跨過某些門檻。（社會學）

　　你必須對這種狀況有所了解，因為這牽涉到別人對你的態度。換句話說，或許老師在幫助你的同時，也參雜了一些憤慨，因為他原來希望接受另一名學生的入學申請，但是卻無法如願。

　　當來自不同國家的海外學生正面臨各種困難時，你可能發現自己也有類似的困擾。你可能是系上少數幾個外籍學生之一，面對本地學生時總覺得格格不入，他們無法體會你的處境，也不了解他們視為理所當然的事情對你來說卻障礙重重——例如購物或到自助洗衣店。因此，你必須要有面對這些問題的心理準備，並且在動身前往英國之前盡可能地蒐集資訊。

　　因此，除了一般研究生會遭遇的困難以外，來自非英語系國家的海外學生無可避免地必須處理更多棘手問題。舉例來說，以英語作為表達的唯一工具，可能會令你覺得自己喪失了一部分的自我。由於經費的問題，很多海外學生雖然獲准入學，但是並沒有人告訴他們博士論文所要求的英語書寫標準。

　　這可能會對你造成非常不利的衝擊。你必須體認：你有責任讓自己清楚地了解博士論文所要求的書寫標準。例如有個學生被告知：「去讀和這個領域有關的資料」，他覺得很迷惘，不知何去何從：「什麼領域？我應該讀哪裡？」

　　無庸置疑，書面的博士論文是頒發博士學位與否的根據。不僅如此，在學生準備將實際研究組織起來，或是整合各部分的研究，並且將論點加以概念化時，書寫也是很重要的。日常使用的口語英文和學術寫作的英文之間有很大的差異，這也會

加深問題的嚴重性。因此,一個非英語系國家出身的學生,必須從一開始就努力提升自己駕馭英語及文法的能力。我們強烈地認為海外學生必須在早期階段就努力改善英語能力,而不是在論文都快要完成時才企圖解決這個問題。隨著英文逐漸變成國際化的科學與學術語言,這樣的努力對於你的學術生涯而言,不啻是一項非常值得的投資。

學生英文能力不佳—特別是那些優秀的學生—常常會使正直的指導教授面臨道德良知上的衝突:他們不知道自己應該以何種程度地介入學生的寫作過程。當海外學生即將畢業或離開英國時,指導教授會備感壓力沉重,為了讓學生成功地拿到學位,他們不得不幫學生完成部分的論文。從很多方面來說,這是令人難以接受的行為,更何況許多人都會假設,可以拿到英國大學博士文憑的人,必定具備良好的英文寫作能力。

對於各種不同文化背景的海外學生而言,英國研究所教育的自發性特質也會對他們造成困擾,因為很多來自國外的學生預期指導教授對他們的研究和論文寫作可以提供大量的協助。你過去的教育經驗可能以前人的知識和智慧為基礎,在這樣的系統中,資料的歷史越久或資歷越多的人,其論點與意見就越有價值。因此,你不會與父親、專家或你的老師爭辯,你是為了向指導教授請益而來。如果你來自這種尊崇長者、前輩或老師等權威者的文化,你可能比較習慣由別人的指示來進行你的工作,至少,你一定會先讓自己的想法獲得認可之後才有著手的信心。

如果你存有這種觀念,那麼你得努力地瞭解,英國的教育文化是完全不同的。首先,科學或學術領域的文化一向非常鼓勵創新和改革,每個人都試圖創造新的觀念、新的解析或新的

結果，以便具備更多的知識、了解、洞見和操控能力。舊的方法會被淘汰，而且只會具有歷史方面的重要性。牛頓到今日仍舊被視爲最偉大的物理學家，但是現代物理學並不讀牛頓的著作。我們對於英國內戰歷史的了解，超越了一世紀前的歷史學家，這並不矛盾，儘管這些歷史學家比我們更接近那樣的時代。

其次，在這個文化裡，你要準備在過程中扮演夥伴的角色。你會在協助之下學習獨立思考、採取主動的態度、建立和權威者爭辯的信心，並且藉此證明你能夠對不斷變遷的學術辯論有所貢獻。

第三，爲了幫助你完成上述之使命，大部分的時間你會和自己的研究工作相依爲命，這不應被視爲一種匱乏，而是學習成長與獨立的絕佳機會。

如果你無法克服文化差異的問題，在面臨最後關頭的口試時，這個問題將會削弱你的實力。在口試中，學生必須爲論文提出有力而自信的辯護。如果學生來自於一個絕對尊重權威的文化，他將發現自己幾乎無法和口試委員進行眞槍實彈的答詢。此外，口試委員不但地位較高，而且可能比博士候選人更年長，在這種情況下，要平等地和口試委員討論，對海外學生來說幾乎是不可能的任務。

爲了讓自己能夠泰然自若地參與各種研究活動，不妨先花些時間觀察你終將面臨的狀況，包括經常性的評論、挑戰和辯論。或許你也可以參加有助於建立自信心的訓練課程，以提升你在各種學術活動中的表現。此外，如果你有機會參與或發展新舊海外學生的支援網絡，或許也能有所斬獲。

在某些文化裡，女性在專業領域的地位很少能凌越男性。

來自於這種文化背景的男性研究生對女性教師存有刻板印象，這種既存的觀感往往使他無法從女性指導教授身上學到任何東西。

擔任指導教授的Dr. Marlow回憶他和新學生Mohammed的相處經驗。她覺得Mohammed並不接受她的意見，也不遵循任何有關研究的指示。事實上，他也不將Dr. Marlow視爲指導教授。最後，在極度的失望下，Dr. Marlow找來隔壁辦公室的男同事擔任調人，他收到Mohammed的研究報告之後再轉交給Dr. Marlow，並且請此調人將她對此研究報告的評論傳達給Mohammed知道，Mohammed心滿意足地照著Dr. Marlow的建議著手工作，但是，自始至終，他一直認爲這些評論係出自於Dr. Marlow的同事之手。對此三方而言，這並不是最好的解決辦法，恐怕也非長久之計。這個例子反映了不同文化背景的學生如果沒有做好準備，很容易就發生問題。

如果在你的國家裡，女性並不常位居權威地位。你最好也能了解世界上某些地方的女性可以扮演位高權重的角色。例如現在有很多國家都由女性擔任最高的總理職務。

還有一個小問題是關於學生對於直呼指導教授名字一事所持之態度，他們認爲這樣似乎過於親密而有失莊重。對指導教授而言，稱謂也是個問題，即使是有經驗的老師也可能分不清楚學生的姓名中，哪個字是姓氏，哪個字是名字。以日本來說，姓氏置於名字之前。有些西非學生的姓氏和名字對英國的指導教授來說都非常陌生，很難分辨姓氏和名字。對姓名的混淆說明了爲什麼有時候老師會以爲自己是以姓氏稱呼非英語系國家的學生，但事實上叫的卻是名字。學生面對這種情況，可能也覺得沒有必要提出修正。

到目前為止，希望你已經了解海外學生一定會遭逢的「文化衝擊」，並且發現很多自己習以為常、並且認為理所當然的行為方式，並不適用於新環境。例如你已經聽說了很多有關英國的事情，但是一旦真的碰到冷漠又拘謹的英國人，你可能還是無法理解他的一言一行。即使是來自其他英語系國家的學生，可能也會很驚訝地發現，在英國有很多他們從來不知道的英語用法。

經費的問題、氣候的差異和不良的健康情況本來就是負擔，海外學生除了上述問題以外，往往還必須和不熟悉的官僚打交道。有時候海外學生也會因為自己國家的政治局勢不穩而擔心親友的狀況，這時他們更容易覺得壓力沉重。

Hockey（1994）指出，海外學生必須解決缺乏穩固關係的問題。他指出，很多研究生都會產生被孤立的感覺：「對海外學生來說，這種社會性隔離（social isolation）可能和文化性的斷裂結合在一起。」他訪談一名已經在英國求學數月的海外學生，並且引用他的話說明這個現象：

> 每天晚上當我一個人走進廚房準備晚餐的時候，總是讓我非常想念家人……我不大習慣這種感覺，我不習慣在空蕩蕩的廚房裡和空著的椅子比鄰而坐，也不習慣這裡的食物。自己坐在角落吃東西……是的，這是很不同的，你知道我們在成長的過程中總是認為自己是家庭的一份子。這是從小就有的觀念，因此，獨自生活變得有點不容易〔適應〕。（第180頁）

你解決這一類問題的方式之一是加入由母國學生所組成的大學社團，成為這個社團的會員，讓大家一起幫助你減緩不同

文化對你造成的衝擊。如果大學本身沒有這樣的組織，你也可以參與校外同胞的社交活動，這應該也會有所幫助。

　　總之，你必須了解，對所有的博士班新鮮人來說，一定都得花很多時間才能把自己安頓下來、進入狀況。如果很不幸地，你遭遇到的問題比別人還要多，使你不得不花更長的時間適應，千萬不要因此而失去耐性。

少數族裔

　　英國本地學生和海外學生之間的差異是相當顯著的，然而，有些學生不管是否來自於英語系國家，由於具備少數族裔的身分，他們也會面臨某些特殊問題。

　　Bird（1996）曾說，種族歧視在英國大學裡是一種「喧囂的沉默」（noisy silence），因為種族歧視有違學術自由的信念，但並不意味著學術環境中就沒有種族歧視的問題。因此，有關歧視的抱怨聲音經常被認為缺乏證據或渲染過度。同時，我們也必須了解，缺乏可以比較、看齊的教師角色楷模，是少數族裔學生所面對的困境之一，這使他們不容易和教師建立良好關係。

　　面對教師和學生對黑人的刻板印象，少數族裔學生有時會覺得無力。如果他們表現較差或成績低落，常常被歸咎於背景和文化的因素，並且直接下結論，認為黑人學生不如白人學生聰明。Gundara（1997）曾經全面性地討論了相關的文化議題。

　　在攻讀博士過程中所經歷的典型孤立感以及本書中所討論的一些細節，對少數族裔學生來說，感受常常更加深刻。同儕

中很少有黑人，使他們備感孤立；和白人學生之間的關係經常
呈現緊繃狀態；在多數是白人的機構中覺得自己嚴重地脫節。
由於英國高等教育機構的黑人學生數量很少，使少數的黑人學
生更加引人注目。大部分的少數族裔不可能進入高等教育，然
而，事實上，他們更不可能提出攻讀博士學位的申請。因此，
如果種族歧視真的存在，那麼它更可能存在於進入博士系統之
前。正如McKellar（1989）所說：「只有適者之中的適者可以
生存」（「only the fittest of the fittest will survive」）。

　　Winston是一名來自於加勒比海國家，在英國受教育的非
裔研究生。由於感覺到英國校園裡的弱勢團體相當缺乏角色楷
模，所以他希望自己能夠獲得博士學位，向其他的黑人學生證
明，這並非不可能的任務。

　　Carina是一名研究少數族裔文化的黑人學生，她提到獲得
進入研究所管道的困難性。她把成為研究生的管道比喻成一家
打烊的商店，並且不斷重複提及排擠與排外性（exclusion and
exclusivity）的問題。Carina說到她和幾個可能成為她的指導教
授的人交談，她聽到的是：

- 由黑人來研究少數族裔文化會產生偏差，因此最好由
  白人來研究。
- 這些全都有人研究過了。有關於這個國家裡的少數族
  裔問題，該知道的都知道了。

　　Carina解釋，少數族裔出於自衛的本能，會非常謹慎地選
擇機構。在申請進入某個研究所之前，他們必須先弄清楚該校
教師對於少數族裔學生的態度。她並指出，自己和一些非白人
朋友已經習慣於面對行政上的官僚作風，例如每次進入圖書館

都被要求拿出識別證，但是其他的白人學生卻只要點個頭就可以。

　　同樣的，Salmon（1992）在一篇具有眞知灼見的分析中，描述一名黑人研究生Jocelyn的經驗。Jocelyn想知道：採用正面的自我評價教材，對於年輕黑人學生在種族認同及種族意義的認知上，會產生哪些影響。起初，這個研究主題並未被接受，她也被要求採用傳統發展心理學的研究方法。但是由於Jocelyn的堅持，她的想法終於獲得一位指導教授的贊同，她以高度的個人決斷力進行博士研究。Salmon說：

> 雖然是一名黑人女性，但是在整個研究過程中，身處白人學術脈絡的她卻依然非常活躍，並且展現出摒棄、打破自我觀點的可能性。對一個像我這樣的白人指導教授來說，我不大容易做得到。（第38-39頁）

種族騷擾

　　很多種族騷擾的形式都屬於刑事犯罪，這些行為是可以依循法律途徑加以制裁的行為。種族平等委員會（The Commission of Racial Equality）對於種族騷擾作出如下的定義：

> 種族騷擾是一種暴力—不管是在口頭或身體上，它包括對於財物或個人的攻擊。當被害人認為侵犯者的行為構築於種族之上，或握有種族歧視的證據時，任何因為膚色、種族、國籍、人種或國家根源等因素而加諸於個人或團體之行為，可以騷擾論之。

　　種族騷擾有很多方式，從身體的暴力虐待到令人覺得不舒服或生氣的小細節，都可能發生種族騷擾的現象。種族騷擾經常以剝奪某人應有的經驗或機會之方式，對來自非英語系國家的人構成脅迫。包括：

- 以攻擊性的笑話或評論，貶低特定種族。
- 以帶有污衊意味的詞語或無禮的陳述去指涉某個種族的人，企圖削弱他人之自信心。
- 因為某人的種族而對其表現出欺凌、侮辱與傲慢的態度。
- 在種族關係會起作用的背景下，如果對於某些不同膚色的人，不自覺地流露出輕視之意，或以粗魯無理之方式對待他們，也可能構成種族騷擾。

　　很多恃強凌弱的人覺得自己的行為符合階級制度和遊戲規則。這些行為對於受害者來說，明顯地構成種族騷擾，但是往往無力反擊。因此，有一項重要的任務是，檢視在學校機構的慣例、執行或程序上，是否明顯或隱晦地歧視不同種族或文化背景的學生。你也必須弄清楚，你所選擇的學校對於學生的入學和發展以及教授的任用與升等，皆有正式的規範政策。（見196頁）

　　有一些方法可以幫助你克服和種族歧視相關的問題：

- 當你在選擇研究機構時，花點時間調查該機構教師的態度。衡量自己是否能夠應付一些預期中的偏見。
- 和其他類似處境的學生組成支援團體，必要時可以跨學校或機構。

- 一旦你覺得有必要，可以立即使用「果斷技術」將歧視的主題向直接相關的人提示。
- 掌握騷擾的定義。
- 如果你認為自己蒙受的不平等需要正式的支援或建立種族監視制度（ethnic monitoring system），你可以與學生會代表聯繫。

女性學生

目前在我們的大學中有相當多的女性研究生。在某些學門中（例如社會科學），女性研究生的數量更經常超越男性。但是在某些學門中，女性則屬少數。事實上，在某些科系中，甚至只有一、兩個女性研究生。目前可能擔任指導教授的教師中，女性未達三分之一，而女性在教授層級的百分比則仍舊在個位數字徘徊。因此，很多女學生無可避免須接受男性老師的指導。

在這種狀況下，很多女學生的研究生涯非常充實，也未曾遭遇有異於其他男同學經驗的問題。事實上，有些人還認為，身為少數是一種優勢，並且樂於在這方面突顯出自己的特殊性。

一名負責研究生事宜的男性教師也持類似的看法。他說：「撇開極少數男性教師對女學生所持的貶抑態度不談，女學生的問題並沒有比男學生多」（Phillips 1994:141）。然而，這是非常短視的看法。很多情況下，女學生的確會面臨男學生不曾遭遇的障礙。在這個部分，我們要探討女性博士研究生在研究過

程中所面對的障礙，希望幫助妳更深入地了解相關問題，以找
到克服困難的方式。

主題與方法論方面的阻礙

　　缺乏女性的決策委員是很重要的問題，因爲這將影響以下
的決定：這個主題是否值得進行嚴肅的研究？應該採用哪種方
法來進行研究？用此一理論架構來詮釋結果是否具有正當性？

　　研究者的立場和研究主題對女性學生來說也是重要的議
題。在很多學門中，研究生很難找到一個認同自己的研究主題
的指導教授。有一些「女性主義」方法論或某些特定的研究類
型最好能由女性擔任指導教授。

　　以社會學研究生Ayala爲例，她的研究「非異性戀女性與
工作」指出，儘管在大學的時候，老師們曾經說過：「眞正的
客觀事實是不存在的」。成了研究生以後，她發現自己和其他
女性同學的研究提案卻經常被評爲不夠客觀。她不服氣地說：
「是的。對女性主義者而言，絕對不可能把自己從研究中抽
離。我把自己書寫到論文中，選擇不讓自己隱形，因爲這是性
別的議題。」有關於客觀和主觀之間的分野，在很多領域中都
是問題，但是最近似乎更常出現在女性選擇的某些領域中。

溝通、辯論和反應的問題

　　大學就像任何其他的大型組織一樣，有時會在非正式的社
交場合下完成某些重要的工作。這些工作並非一定要透過社交
活動才能完成，但是這種方式卻經常意味著，有管道進入此社
交圈就是「狀況內」的人。然而，有時候女學生並不會被納入
非正式的活動中。女性受到不同的待遇，有時候是因爲很多男

性在面對與自己能力相當的女性專業者時，一方面覺得不自在，另一方面也不知道如何與她們溝通。

很多男學生及教師和女性相處的唯一經驗，恐怕只是在私生活中扮演丈夫、父親、兒子、兄弟或情人的角色，或是在職場中扮演上司或老闆的角色。因此，他們並不善於處理與女性同僚或同儕的關係。

根據Mapstone（1998）的調查，女性比男性更擔心辯論可能對私人關係造成的潛在傷害。她的研究說明為什麼在討論中發言的常常都是男性。她並且解釋，女性認為表達不同的意見會招致批評，因此她們寧可隱藏自己真實的想法。參與辯論的男性代表的是理性，但若是滔滔不絕的女性，則常常被貼上難以相處的標籤。除非男女之間可以建立平等的關係，女性總是傾向於在辯論中保持沉默。

Mapstone的研究所揭櫫的，是另一個不利於女性研究生的現象。事實上，當研究生的想法受到批評，而批評者的地位又比較高的時候，女性研究生和男性同儕一樣，必須要為自己的論點辯護。然而，根據Mapstone的研究，這對於女性研究生來說，是比較困難的，主要是因為她們不容易把辯論當成是一種純粹理性的思考和商議。

在指導教授和學生的關係中，也會出現性別差異。男性指導教授可能因為擔心遭到抨擊，所以會比較詳盡地回應男性學生，給女性學生的回饋就顯得比較簡略。如果指導教授相信女性比男性情緒化，或是覺得自己不善於面對學生哭泣時的狀況，那麼，男性學生似乎又會站在更有利的位置了，因為指導教授可能不會明確地指出女性學生的缺點。所以男性學生有機會知道如何避免再犯相同的錯誤，但是女學生則沒有機會知道

自己有何缺點。

　　如果指導教授曾經受過這方面的正式訓練，或是刻意學習過如何有效地給予學生意見和回饋、以及如何面對女性同事和女性專家，那麼很多因為傳統觀念而衍生的問題都能迎刃而解。

缺乏學術上的角色模範

　　在男性研究生多於女性研究生的情況下，也會形成另一種困境。首先，女性或許會遭到排擠與孤立，這些經驗可能導致女性失去追求博士學位的勇氣。其次，很多女性學生無可避免地接受男性教師的指導，即使多數時候，雙方關係的運作還算順利，然而，有時候女性學生仍然相信，如果指導教授同為女性，就可以有傾訴的對象。

　　舉例來說，以下Veronica的話說明了溝通上的困境。Veronica有兩位指導教授，一名是男性，一名是女性。

　　和女性指導教授與男性指導教授的相處是不一樣的。女性之間的共鳴比較多。如果有些令我煩惱的私事，我不會告訴男性指導教授，但是會和女性指導教授談。

　　另一名女學生Irene則說

　　所有教師中，只有一名女性。她無疑地成為我的角色模範，在男女的權力關係中，她成為我的避風港。如果沒有她，我絕對不可能留下來。

　　缺少成功的女性教師角色模範，使女性學生處於較男性學生不利的位置，因為她們不容易建立適當的自我形象。此外，

這也使偏見更加明目張膽地建構惡勢力。Yvonne是一名經濟學者，她說：「系上有一些人甚至公然宣稱厭惡女性。」該系另一名學生Shula談到她在升等時所遭遇到的特殊經驗：

> 我的指導教授對我寫的東西很滿意，但是一名對我有強烈敵意的反女性主義者卻寫了整整兩頁尖酸刻薄的批評，完全擊潰我的信心。我的指導教授認為他濫用權力，並為此與之交涉。

因此，儘管有人抨擊她的升等，但是最後仍舊獲得通過。這類事件的發生使大學系所設置了系所性別小組（Department-mental Gender Subcommittee），以處理「男性主流觀點」的問題。

女性博士班學生必須尋求同儕團體的支持，而且此一團體應該也有其他女性成員。然而，這並不意味著這個團體一定只有女性可以參加。（如果行有餘力，再考慮組織這種由女性組成的團體。）然而，如果你加入一個同儕團體，而你是唯一的女性，你可能也會碰上麻煩。

我們建議你運用上一章教育指導教授的策略，當你認為他並未在個別指導中給你足夠的資訊時，明確地讓他知道你的需求，並且問清楚自己應該怎麼做才能提升研究品質。或許你也可以要求指導教授為你引介相關領域的女性教師，她們不一定是地位很高的教師，可能是研究助理或兼任教師。當你認為自己受到的待遇無法滿足需求時，你甚至可以將教育指導教授的策略進一步延伸，主動和指導教授討論這個問題。

要和指導教授就這方面溝通並不是一件容易的事。然而，這是必須立即解決的問題，否則隨著時間的累積，你們的相處

經驗或對話方式只會更加惡化。如果你覺得指導教授對你的態度好像是在施恩於你，試著讓他知道你的感覺，可能不像你想像中那麼有殺傷力。無論如何，你必須誠實地表達自己的感受，讓他重新審視自己和女性學生的關係。當然，如果你的態度很不客氣，讓他覺得自己的努力卻換來不公平的指責，不但沒有溝通的效果，可能使雙方嫌隙更深。因此，切記要謹慎地處理這個問題。

性騷擾和性剝削

有時候女性為了維持良好而友善的工作關係，常常要忍受一些含有性暗示的話語，儘管這些話實在令她們不大舒服。每個人對於同一種情況的看法並不一樣。女性學生必須對類似情況保持警覺。如果一名男性研究生和（男性）指導教授一起去喝酒，人們可能覺得這名男性學生有抱負、善於交際。然而，如果一名女性學生也有一樣的做法，恐怕就會被指為輕浮，甚至被別人說成和指導教授有曖昧關係。

Carter和Jeff（1992）檢視專業教育中的師生關係，結果顯示，專業教育體系很鼓勵生活或工作經驗豐富的人重返校園當學生，而很多學生在剛開始的時候會覺得緊張、憂慮而脆弱。此時教師在關係中的權力很類似指導教授和研究生之間的關係。

Carter和Jeff發現有時候這種權力並未得到適當的運用。他們揭露了很多在專業教育系統中發生的性騷擾或剝削案例。有一名學生說：

在課程開始幾個禮拜以後，X老師和組裡的一個女學生就

鬧了緋聞。X對她的關照使她備感光榮，一點也不隱藏兩人的關係。但是這卻令我們其他人覺得很不自在，因為我們擔心自己對課程的批評或對教學品質低落的不滿，很可能會傳到他的耳中。這個關係持續了將近一年，直到他從新學生中找到了另一個對象後才告終。我們組裡那個女孩覺得丟臉又痛苦，從那之後，她就漸漸和我們疏遠，並且經常翹課（第454頁）。

這種經驗使所有的師生關係都蒙上了陰影。連原本單純且合宜的師生接觸都會受到流言蜚語的污染，本來可以自然發展的友誼關係也遭到扼殺，甚至連平常至極的交談或合作，可能都使教師們人人自危。

所有的騷擾都是令人憤慨的歧視形式之一。法律上對性騷擾的定義如下：

重複的、單方面的、不受歡迎的評論、眼神、行為、建議或身體接觸，令人覺得不悅或受到冒犯，並且可能對工作環境造成威脅。性騷擾有很多種形式，包括：含有性暗示的斜睨、揶揄、使人難堪的話語、蓄意傷害、有攻擊性的追求方式、非自願的身體行為、要求性交方面之特權及對身體的侵犯。

英國法律並未將性騷擾本身規範為不合法之行為，然而，倘若性騷擾對環境構成威脅，則具有違法性。

性騷擾對女性在工作上造成沉重的壓力，也是導致身體或心理不健康的重大因素。很多男性承認，當他們對女性做出進一步的性要求時，從來沒有想過或許她並不喜歡他們的行為。

女性也表示很多騷擾者真的以為自己的行為對女性是一種恭
維。女性同事之間經常抱怨，男性認為無傷大雅的玩笑話或是
自以為是調情高手，對她們來說卻是放肆而無禮的侵犯。即使
有些女性的工作對於這些問題有高度意識—如記者或廣播工作
者，常常也有難以啟齒的困擾。她們的典型說法可能是：

> 笑話常常是最難應付的，因為這個行為雖然不像直接捏你
> 的臀部一樣明顯，但是卻可能令人覺得好像被捏了臀部般
> 的屈辱。你必須有特定的反應方式，不然就會受到社交性
> 的排擠（social outcast）。但是如果你跟著笑，結果就是你
> 恨透自己居然這麼做。因為如果你為了一個不好笑的笑話
> 而笑，就意味著你接受了在笑話背後所隱含的觀念。

　　騷擾者的權力或權威凌越被害人是常見的狀況—例如指導
教授或其他資深的教師與學生之間的關係。然而，面對同學或
老師令人討厭的行為，學生們可能發現自己必須抗議。以個人
的力量處理性騷擾的問題是非常困難的，因為拒絕和性騷擾妥
協，可能意味著你必須表現得很激進，並且承受別人異樣的眼
光。

　　而被害人也經常對此保持沉默。有些人相信提出性騷擾的
申訴通常不會有什麼好下場，而且只會被視為小題大作。他們
寧可相信這真的只是無傷大雅的玩笑，並且說服自己這是兩性
一起工作時無法避免的結果。但是學生們往往不知道其他人也
有類似的壓力，也面臨相同的問題。很多大學有指定的諮商人
員，可以和女學生就這方面的問題討論，因此，必要時可以尋
求這方面的協助，和諮商員討論你遭遇的困難，你也會了解這
個問題在學校中有多麼地普遍。

　　大學必須訂定政策，爲性騷擾的被害人提供申訴與支援的管道，以鼓勵性別之間發展平等、融合、親密的關係。很多大學採取AUT建議的法規，其中包括教師和學生行爲的專業法規。

　　以上所述意味著每一位女學生都必須發展某種程度的社交技巧及自信心，以便面對各種可能的困境。如果有必要，可以參加適當的自信心訓練課程、動員學生會、推動性別委員會的成立或推舉女性的行政人員。

　　有幾個方法可以幫助你處理性別歧視的問題：

- 紀錄每一次的騷擾事件。
- 和其他人討論這個問題，你會發現自己並不孤單。
- 了解在你的大學中是否有女性事務主管或是其他正式的責任單位可以提供相關的支援和糾正行動。
- 必要時可以和學生會代表聯繫。

男同性戀和女同性戀

　　根據估計，每廿人中就有一人是同性戀，這個數字並未將雙性戀者統計在內。因此，屬於這個族群的學生和教師，在人數上也相當可觀。本章其他部分提到的問題也和男同性戀及女同性戀學生有密切關聯。舉例來說，許多探討性議題的人都會面臨有關研究主題及方法的正當性問題。如果指導教授或研究生是同性戀或「未出櫃」者，則可能引發性騷擾議題。

　　刻板印象所產生的效應往往相當驚人。舉例來說，雖然統計顯示，兒童性侵害案件的作案者絕大部分是異性戀男性（通

常是兒童家族中的一員），但是媒體的報導卻有誤導的作用，讓人們以爲男同性戀才是主要的罪魁禍首。這一類的迷思通常使非異性戀者備嘗艱辛。如Leonard（1997）指出，雖然女人比較容易感到害怕，但是在西方社會裡，年輕男性—特別是少數族裔或男同性戀者—卻更可能成爲暴力行爲的目標，例如在入夜後從圖書館步行回家時。

越來越多的同性戀者希望能夠向朋友或同事坦白自己的性傾向，但是，他們的誠實往往導致更多的歧視問題。出櫃的同性戀學生可能感覺到指導教授對他們的性傾向覺得尷尬或充滿敵意，這種感覺會使師生關係變得複雜。或許他們選擇保持沉默，但後來卻遭到披露，則他們很能會變成騷擾的對象。因此，出櫃與否都必須承擔風險。

異性戀者的騷擾

異性戀者的偏見（heterosexism）是由異性戀者的優越感所衍生的一系列概念和行爲，他們認爲異性戀是唯一「正常」而「自然」的性關係形式。異性戀者雖然歧視同性戀者，但是不同於膚色或性別，人們無法從外貌分辨出誰是同性戀者。騷擾將對人們的工作能力造成壓力與干預，也可能嚴重地限制了發展的機會。當人們對同性戀者做出刻板化的批評與議論，暗示同性戀者「不正常」，這就對同性戀者形成騷擾。這些騷擾包括：

- 身體上的攻擊。
- 散佈傳單、雜誌、符號等貶抑同性戀者的資料。
- 異性戀者在牆上塗鴉或或張貼攻擊性的海報，以此手

段持續性地羞辱同性戀者。

創造一個安全的氛圍,讓同性戀者可以安心地公開自己的
性向,將有助於減少異性戀者對同性戀者的騷擾。唯有在一個
沒有騷擾或歧視的學術環境中,同性戀者才可能免於恐懼地生
活。

如果你是同性戀者,可以採取下列方式克服你所遭遇的困
難:

- 記錄每一次騷擾事件。
- 和其他人討論你的問題,你可能會發現自己並不孤
  單。
- 了解你的大學是否有正式的責任單位可以提供相關支
  援或糾正歧視行為。
- 必要時和學生會代表聯繫以尋求協助。

年長的成人學生

並非所有的學生都是處於年輕、剛畢業或單身的狀態。越
來越多的已婚、有小孩或已置產的人,決定返回校園做研究。
在某些學科中,這些年長學生(即四十多歲或更年長的學生)
佔大多數。例如在管理、商學、社會工作或社會行政等學門
中,很多博士班的學生都在已經在相關領域有一段時間的實務
工作經驗後,才又會到學校繼續進修。但是也有很多學門的年
長學生是非常少數。

這些年長學生必須面對某些特殊的問題。對某些年長學生

而言—特別是女性，經常要處理各種家庭事務，很多人還要照顧小孩或老人的生活起居。所有的年長學生可能對必須克服外界對於年齡的歧視（ageism）或各種由年齡所衍生的負面影響。相較於年輕的同學，年長學生可能要不斷地表現自己的智識。在此必須附帶一提，和美國不同，年齡歧視在英國並未構成違法。

　　年長學生也須要和較年輕的同學建立關係，並且試著與之融合。不過，由於人們通常會誤以為年長學生經驗豐富、處理事情的能力一定較好，這種誤解會使融合的過程產生問題。因此，教師和學生會比較呵護年輕的學生，並且假設年長學生的能力應該很強。但是，在大學中勢單力薄的年長學生，面對全新的環境，也無法掌握所有的行為規則，以前的行為模式也不見得幫得上忙。事實上，年長學生仍然必須重新學習扮演學生的角色，有時候，外界在這方面很容易過度苛責他們。

　　年長學生和指導教授的關係有時也會陷入困境，年長學生必須面臨情緒性的衝擊。或許他們會抗拒既有的規定，並且不自覺地認為自己應該比年輕的指導教授知道得更多。學生一方面要刻意地隱瞞自己的無知，一方面又充滿強烈的求知欲望。這種混合的感受使年長學生和指導教授間的關係更複雜。此外，年長學生通常必須特別努力地以成人對成人的方式面對指導教授。

　　然而，這些問題大多可以透過適當的方式克服。本書作者之一（DSP）相當自豪於他擔任Dr. Edward Brech的指導教授之經驗。Dr. Edward Brech在八十五歲時獲頒博士學位，他也是金氏紀錄中最高齡的英籍博士。而澳洲一名長者則以八十九歲之高齡獲頒博士學位，也創下世界紀錄。

年長學生應該如何處理各種可能的問題，在行動要領的部分我們將會提出幾項建議。

身心障礙學生

對於想要在學業上有所精進的身心障礙學生，世界知名的劍橋物理學家史蒂芬·霍金教授無疑樹立了一個啓發性的楷模。事實上，很多大學都有身心障礙的教員，可以作爲角色楷模。然而，並非所有的學術環境都可以實質而完全地支援身心障礙的學生。因此，你必須衡量自己的需求在某個環境中是否能獲得滿足。此外，如果能夠找到其他的身心障礙者，並且評估共同合作、促進設施改善的可能性。

對身心障礙者的騷擾

對身心障礙者的騷擾和本章提到的其他形式騷擾有所不同。通常這不是蓄意的傷害，而是由輕率或愚昧的疏忽所造成的。然而，這樣的騷擾形式造成的傷害並不亞於其他形式：壓力、干預其工作能力之發展，嚴重地限制了各種機會。

騷擾身心障礙人士的定義可以和種族騷擾或性騷擾互相對照。和其他的騷擾一樣，對身心障礙者的騷擾有很多種形式，從暴力的身體傷害，到使人因爲自己之身心殘疾而覺得難堪、不自在或生氣等，都可能構成騷擾的事實。以下舉例數種可能令身心障礙者覺得受到騷擾之行爲：

- 貶抑身心障礙人士的攻擊性笑話或評論。
- 因爲某人的身心殘疾而向其施以脅迫、污辱，或以施

予恩澤的態度對待之。

- 身體上的攻擊。
- 散佈傳單、雜誌、標誌等貶抑身心障礙人士的資料。
- 污辱身心障礙者之塗鴉。

如果你是身心障礙人士，你可以試著用以下的方式對抗歧視的問題：

- 記錄每一次的騷擾事件。
- 和其他人討論你的問題，你會可能發現自己並不孤單。
- 了解你的大學是否有正式的責任單位可以提供相關支援或糾正行為。
- 必要時和學生會代表聯繫以尋求協助。

行動要領

對所有的族群來說，我們要傳達一個非常重要的訊息：為自己的不利處境找尋社會性的支援。就騷擾一事而言，一定要讓騷擾者知道他的行為已經對你構成侵犯。

給兼職學生：

1. 選擇一個和你的工作有關的研究主題。
2. 撥出特定的時間進行博士研究並且確實遵守此一時間規劃。
3. 和指導教授、同儕與系所保持定期的聯絡。至少定期以電話或電子郵件讓他們知道你的進展。
4. 在大學或研究委員會等單位中尋求獲得財務支援的可能性。

給海外學生：

1. 在前往英國以前及抵達英國初期，盡可能地蒐集有關英國和英國研究所教育制度的資訊。

2. 參加或建立由新舊海外學生組成的支援網絡。

3. 你必須了解，女性擔任權威性淩越男性的職務並無不當之處，只要她們具備了該職務所需要的資格、知識及經驗。

4. 利用大學的社團，接觸來自母國的同胞，藉此減輕文化差異對你所造成的衝擊，以便盡速適應新環境。

5. 試著從大學中獲得免費的語言訓練。如果不行，可以就近在語言學校註冊，以提升自己英文的書寫能力。

6. 如果大學裡沒有同鄉會之類的組織，可以試著結識校外的同胞並參與他們的社交活動。

7. 為了讓自己能夠泰然自若地參與各種研究活動，應該先花些時間觀察你終將面臨的狀況——包括經常性的評論、挑戰和辯論。

8. 參加建立自信心的訓練課程，使自己能夠充滿自信地參與各種學術活動。

給少數族裔：

1. 參加或建立同儕支援團體。

2. 如果遭遇到和其他（白人）同學不同的待遇，可以採用果斷技術。

3. 必要時可以尋求學生會代表或教師成員的支持，他們可能來自於其他系所。你可以向他們申訴自己受到的不平等待遇。

給女性學生：

1. 參加或建立包含其他女性學生的同儕支援團體。

2. 和你的男性指導教授討論任何從兩性觀點出發的師生關係問題。

3. 在接受指導的過程中使用果斷技術，以獲得關於改善研究或處理人際困境的精確資訊。

4. 利用學生會的力量督促你的大學指派女性事務人員，並且建立合理之程序，迅速而公平地處理騷擾申訴案件。

5. 督促系所成立性別委員會，以處理各種關於騷擾或歧視的申訴案件。

6. 當你的研究主題、方法、風格或結果具有爭議性，那麼有時候性別可能會對結果造成影響。必要的時候可以尋求同儕的支持，以督促系所組成小組，對這類問題作出公正的裁決。

7. 尋找角色模範，需要的話可以女性指導教授作爲楷模。

8. 不要和指導教授之間產生男女間的情愫或是接受私人性的恩惠。

給同性戀者：

1. 參與或建立同儕支援團體。

2. 利用學生會的力量影響你的大學建立合理的程序，以迅速而公平處理騷擾申訴案件。

3. 當你的研究主題、方法、風格或結果具有爭議性，那麼異性戀的偏見可能會造成影響。必要的時候可以尋求同儕的支持，以督促系所組成小組對這類問題作出公正的裁決。

4. 不要和指導教授之間產生男女間的情愫或是接受私人性的恩惠。

給年長學生：

1. 和其他年長學生保持聯繫或建立網絡。

2. 在此網絡中，與人討論你的處境，例如：分享與討論自己如
　　何對抗年齡歧視的問題。表達自己的反感或憤慨。透過和群
　　體分享經驗來克服、面對問題。
3. 督促學校為年長學生提供諮商服務。

給身心障礙學生：
1. 和指導教授及系主任討論你的問題。
2. 當你需要支援的時候，可以向大學主管身心障礙事務者尋求
　　協助。
3. 利用學生會的力量影響你的學校，提供必要的設施。需要的
　　話，也包括指派一名人員負責處理身心障礙學生之相關事
　　務。

第十章

攻讀博士之正規程序

　　每個大學幾乎都有自己一套攻讀博士學位的正規程序，你必須視自己的情況遵守某些特定的規定。如果幸運的話，你的指導教授或相關註冊單位人員會提供你充分的口頭資訊與引導，以避免你陷入不必要的麻煩。然而，就像博士學程中的每個階段一樣，最後終究還是由你負責督促自己遵守規定。

　　在大學裡的正規系統中，有某些重要的規定可能會對你造成重大的影響，這正是本章要幫助你了解的重點。正如之前所述，不同機構的情況也會有所不同，因此我們只能概括地予以說明。你必須找出適合用在自己身上的特定規則。

註冊

　　在一開始，我們要問的第一個問題是：你是否具備攻讀博士研究學位的資格？多數大學要求申請者在大學時曾經在相關領域達到優等（first-class honours）或次優（upper second-class honours）的成績，也有些大學接受次次優的學業成績（lower seconds）。不過，如果你已經有一個碩士學位，則無論大學成績如何，通常就具備了攻讀博士研究學位的條件。

這是進入博士班的一般性條件。如果你沒有這樣的條件，並不代表你不會被接受，而是意味著這是特殊案例，你最好能夠得到指導教授的大力支持。舉例來說，如果你沒有英國的學位，那麼你應該有相當於英國學位的海外學位。如果你沒有學位，你應該具備某些職業資格以及豐富的實務經驗，則學校能以特案方式接受你的申請。

一般來說，就算你沒有典型而正規的入學資格，也毋須氣餒。記得要盡可能地找到合適的指導教授讓你以個案方式入學，例如你可以從事額外的研究或參加資格考試，以爭取入學機會。切記，如果有一所機構拒絕你的申請，並不意味著所有的機構也會關上大門。然而，如果你的申請已經被一所以上的學校回絕，那麼，你就要想一想是否不應該一意孤行，也或許你可以對自己的實力再做評估。

第二問題是：你要選擇何種學位？如果你還沒有副博士學位，通常學校機構會將你視為一般的研究生，經過一年以後，如果你的研究進展順利，學校才會讓你正式註冊成為博士班研究生。因此，你和你的指導教授必須保持密切聯繫，以確保自己能夠成為正式的博士研究生。此外，到這個階段的時候，你必須已經決定論文題目和研究計畫了。

第三個問題是有關註冊和遞交論文之間的時間長短。根據正式規定，全時學生有最短修業時間的限制（兩年或三年）。很多機構對最長的修業期間也有正式規定（八年、十年），如果超過最高修業期限，則必須以特案方式（理由必須非常充分）才能繼續註冊。由於博士研究有修業時間的限制，如果你想要中途暫停研究，並且打算日後再繼續，你應該先辦理正式的休學手續。

對兼職學生來說，修業期間的限制最短大約四到五年，最長則約為十年。不要忘記，如果你是受僱於學校的研究助理，儘管你只花了部分的時間做研究，但是你的身分仍舊是一名全時學生。如果你讀了之前的章節，你應該了解為什麼：因為博士學位在本質上是一種專業訓練。研究助理的工作本身亦被視為專業訓練的一部分。

如果你已經正式成為一名博士班學生，你應該會收到正式通知，告訴你誰是你的指導教授、你的研究領域，以及在提交論文之前必須修業的最短時間。

在成為博士班學生往後的幾年裡，通常依據你每年的進度決定是否可以**繼續註冊**，你的指導教授也必須對你的研究果提出相關報告。你的責任是在適當的時候提出這些報告。

助學金和研究資助

你可能具有申請政府助學金的資格。助學金的種類繁多，而且分別有詳盡的規定和標準。除非你是英國籍的學生，或者你在英國居住的時間已經超過三年，你應該盡可能地尋求取得助學金的管道，最好在一開始的時候就和指導教授討論到這方面的問題。

所有的獎助學金都有一定的補助期間（兩年到三年），但是在某些情況下，你可以試著申請延長獎學金的補助期間。你必須讓指導教授了解你的情況，並且在適當的時機提出具有說服力的延長理由。通常助學金的金額不高，因此你或許想要做些臨時性的工作。可能的話，你應該試著找一些有助於研究的專業工作。對你來說，教授有關於研究主題的科目，比當個吧

台服務生來得有幫助。

如果接受了學校的助學金，則它們的角色可能更像是準雇主（quasi-employer）。學校就像一些好雇主，當學生有緊急的財務困難時，有些學校會提供小額而短期的貸款為學生紓困，日後再以分期方式償還。

你應該知道自己有權利使用哪些研究資源。這些資源可能包括書桌、實驗室空間、器材或耗材（例如實驗用的化學用品）等，並且確認自己真的有管道使用這些資源。或許你可以要求系上的技術人員提供支援。當你需要參加研討會或造訪其他機構時，你也可以申請補助。有的學校甚至會補助學生論文的裝訂費用。

升等成為博士班學生

剛開始的時候，研究生通常是以副博士（MPhil）的身分註冊，經過指導教授的推薦以後，才能升等正式具備博士班學生身分。各大學或系所的升等程序差異極大，有些可能要求學生提交正式的書面報告以供審查，有些可能只透過閒聊的方式就可以完成升等程序。你必須知道自己所面對的是哪一種狀況，並且做好相關的準備。

審查制度

在經過一段時間的孜孜不倦以後，整個博士研究學程終於進入審查階段。同樣地，每一所大學有各自的審查制度，你應該了解自己適用於哪些規定。不過，大體上來說，這些規定之

間有一些共同點，我們在此分述之。

提交論文的通知

通常在提交論文的三個月以前，你必須通知相關單位或人員。雖然你一定得和指導教授充分地討論關於提交論文的種種細節，但是你應該根據自己的專業知識，由你自己決定是否要提交論文送審。形式上來說，就算你的指導教授反對，你還是可以提交論文。儘管這樣做有點冒險，但是無論如何，要不要交論文的決定權還是在你手上。此外，在這個階段，你必須繳納論文審查費用。

指派審查委員

在你發出提交論文的通知以後，就進入指派審查委員的階段。審查委員代表了你的領域中的全體學術社群。通常，內部審查委員是來自於研究生就讀系所的某位教師（但不是指導教授），而外部審查委員則由另一個學校的教師擔任。

你的指導教授和系所主任必須負責向系所薦舉審查委員名單。不過，通常他們也會先詢問你的意見，很多指導教授更針對此事和學生事先進行充分的溝通與詳細的討論。

在你真正完成論文之前，你一定就要知道你的審查委員是誰，不難預料，你可能在論文中曾經引用或參考他們的研究成果。一般來說，在你的參考書目中出現最多次的學者名字，就是審查委員的第一人選，這是經驗法則。然而，萬一這些學者因為某些因素不適任，因而改由其他人擔任審查工作，此時你應該進一步了解這些學者的研究，並且適當地予以引用或參考。未來的你也可能擔任審查委員，因此，不難體會審查者會

很樂見自己的研究作品得到了適當的引用和討論。

提交論文

在提交論文時必須遵守許多規定與慣例。這些規定包括論文的篇幅或長度、使用的語言（通常是英文，除非在獲得特殊許可的狀況下）、寫作風格的適當性、紙張大小、頁面空白部分的大小、裝訂的顏色和種類、副本數量、材料說明（以便圖書館的保存工作）等。你必須知道自己適用於哪些規定。

所有學校都會要求學生撰寫長約三至五百字的摘要，概述論文之內容及成果，讓審查委員或其他讀者在真正閱讀之前，便建立論文的整體概念。你應該花點時間，試著讓摘要中肯而切題，以建立讀者心中對此論文的良好印象。這也是你在發表作品或研討會論文必須具備的專業技巧。

本書一再地強調，博士過程的目標是養成某個領域中的專業研究人員。雖然博士論文是證明研究能力的最主要方式，但是博士資格的審查內容不應只侷限在博士論文。除了博士論文以外，你應該提出其他補充性的文件——例如曾經發表過、而且達到專業水準的研究作品，一併呈送到審查委員面前。不過，你的補充文件要具備兩個前提：這些文件必須屬於你的研究領域範圍之內（例如：雖然你非常熱中於集郵，但是你在集郵方面所發表的作品，對於你在電漿物理學方面的博士研究，並沒有什麼幫助）。其次，如果這些研究報告曾經用來獲頒其他學校的其他學位，則不得作為你的補充文件（通常在提交論文的時候，你必須針對此事作出聲明）。倘若你與他人曾經共同發表相關報告，你也可以一併呈送——不過，你必須明確地指出自己對此研究報告有何貢獻。

論文口試

　　論文口試通常以非公開的方式進行。換句話說，只有審查委員和學生出席口試。然而，有些大學也允許其他人列席，但是這些人不能參與口試之進行（有機會的話，你不妨列席他人的口試以爲見習。）指導教授也可以列席，但是也不能參與。

　　口試委員的任務是透過你的論文和口試時的表現，檢視你是否已經達到專業研究人員的資格。如果答案是肯定的，意味著你的意見值得被聆聽，因爲你已經對相關的領域有所貢獻。在口試過程中，審查委員會和你展開辯論，而你則必須努力地捍衛自己的論點，此外你們也可能針對論文的主題討論未來的可能發展。

　　對你來說，這可能不是件輕鬆的事，所以你需要練習。如果能夠事先請相關領域的專業人士看過你的論文，提出問題互相辯論，將會對你很有幫助。這些人不一定要大有來頭，特別是你的系所中曾經擔任審查委員的老師（但是將不會審查你的論文），他們可說是最理想的人選。你也可以和其他的博士班同儕互相幫忙，彼此模擬口試的情況。

　　爲了寫出好論文，你在學習過程中必須經常練習書寫。相同地，爲了在口試中友好的表現，你也必須練習公開地討論、辯護你的論文。審查委員對口試的重視，攸關你的論文是否能過順利過關。舉例來說，儘管審查委員認爲論文中有某些部分稍嫌薄弱，但是你在口試中提出強而有力的解釋，說服口試委員同意你的論點，你的論文有可能因此免於遭到駁回。

口試前的準備

在口試之前，你必須以系統的方式準備應戰。Phillips（1993）發現，雖然口試的潛在利益似乎昭然若揭，但是卻很少有學生認真地投入準備工作。在口試之前，你可以先閱讀本書第十一章的「如何審查」一節，它能提供你有關口試的訊息。

以下我們建議你用一個可靠而有效的方法來溫習整篇論文，以為口試作準備。

首先，準備三張有淺色行線A4大小紙張（不要超過三張，可能的話，就用兩張），從紙的中央由上而下劃一條垂直的線，因此，這一張紙的左右兩部分別有卅五行，加起來共有七十行，其中每一行分別代表論文的每一頁），接著你將每一行都加以編號，左半部是一到卅五，右半部則是卅六到七十。

接著，你可以花兩個星期左右的時間，分別將論文每一頁的主要內容，填到對應的行次中。

如果你可以完成這項工作，那麼你同時達到了兩個重要的目標。第一，你已經盡可能詳盡地溫習整部論文。其次，在口試時，你可以一目了然地指出每一個論點、引文或說明的位置。你不僅可以輕易地找到自己要找的內容，甚至當審查委員還在一頁一頁地翻著你的論文、尋找你們正在討論的內容時，你可以直接告訴他們頁數。當他們記得自己的確曾經在你的論文某處讀到相關的內容、但一時之間卻找不到在哪裡時，你卻記得一清二楚！

除了這些明顯的好處之外，這兩三張紙可以讓你在最後關頭不需要翻閱整本論文，就可以溫習全部內容。這意味著你有

時間和朋友或家人小聚，但卻不至於荒廢了功課。把這幾張寶貴的紙放在包包或口袋裡，當你覺得時機恰當或有必要的時候，就可以拿出來看一下。最後，雖然只是一覽表，卻可以幫助你對論文瞭若指掌，讓你在面對口試委員的質疑時，能夠泰然自若、從容應付。不遑多言，自信心能夠為表現加分，但是並不是每個人都知道如何建立自己的信心。

審查結果

　　不了解博士審查本質的人可能認為，博士候選人如果成功地取得學位，就是學成載譽榮耀披身。如果失敗，就只能蒙羞退出。然而，事實並非如此。博士學程的終點可能有兩種極端的結果，以下將分述各種可能性。

- 口試之後立刻獲頒博士學位。這是最好的結果，也是博士班學生的目標。
- 口試以後，審查委員會要求候選人進行局部細節的修正或增刪，但是仍然立即頒發學位。通常他們會給予候選人一個月的時間進行修正工作。事實上，審查委員應該會告訴你：「如果你可以很快地完成這些修訂，我們仍然會將你修訂好的論文視為首次提交，並且立刻頒發學位。」這種情況下，學生需要做的修正通常只是一些細節上的問題，例如有些計算上的錯誤（但不影響結論）、不正確或不適當的圖表說明或引文等。
- 如果審查委員說：「可以，但是⋯⋯」，他們的意思通常是，你的論文和你的辯護在大方向上是正確的，但

是仍然有一些明顯的弱點需要補強，因此要求你重新
提交論文。他們會告訴你問題出在哪裡，為什麼有問
題。他們也會給你一段較長的修改時間——最多通常有
兩年，完成修改以後，你必須再重新提交論文（不幸
的是，你又得付一次審查費用。）不過，如果審查委
員對你上一次的口試表現覺得滿意，在你二度提交論
文的時候，他們可能不會要求再度口試。

由於研究委員會堅持提早呈送論文，在這樣的時間壓力下
使第三種情況越來越普遍。雖然這種結果不免令人失望，但卻
很可能就發生在你身上，所以毋須將之視為世界末日。面對這
種結果，學生通常需要幾個禮拜的時間，讓自己從洩氣與疲憊
的情緒中復原。但是，打鐵要趁熱，最好的方法還是盡快著手
進行修改。畢竟，當你已經走到了這個階段，你應該也從審查
程序中學到很多，因為審查委員通常會仔細地指出論文的問
題，並且提供一些改善的建議。儘管這可能是個不小的打擊，
然而，如果你能夠迅速跨越情緒低落的藩籬，進行修補工作，
勝利的一刻終將來臨。

一旦你重新提交論文並取得學位以後，這個曾經令你備感
艱辛的過程當然都變得微不足道。沒有人知道過去發生什麼
事，最重要的是你終於完成一部專業水準級的研究論文。很多
老師過去都曾經有重新提交論文的經驗、但這卻無損其今日之
學術地位。

- 審查委員說該名博士候選人的書面論文已經寫得很
  好，但是在口試的表現卻有待加強。這種情況或許不
  常見，但是卻更強調博士學位的授予對象必須是具有

充分專業能力的人。獲得博士學位的是候選人，而不是論文。如果你也面臨這樣的情況，你可能在一段時間後還得參加一次口試（半年或一年以後），你應該利用這段時間，廣泛地閱讀和你的領域有關的資料，並且更深入地了解你自己的研究。

還有另外一種可能是，審查委員認為你的研究主題太過狹隘，因此他們無法單憑論文就判斷你是否具備足夠的專業能力。所以他們可能會發出通知，針對你的研究主題，安排一個書面考試或實作測驗。在這種情況下，他們可能認為你的論文雖然沒有問題，但是顯然需要透過考試來確認你的專業能力。

- 審查委員認為候選人的論文並未達到獲頒博士學位的標準，而此一論文也未明顯具有再發展的潛力。不過，這篇論文達到了副博士所要求的標準，因此他們會頒發博士候選人副博士的學位。

這是個嚴重的打擊。原因不僅因為無法取得博士學位，而是因為審查委員基本上根本不認為這篇論文具備擴充的空間，因此候選人就算有心，也很難有什麼作為。通常這是因為該名博士候選人並未了解博士資格的本質，以致無法認清博士論文的標準。本書的宗旨就是幫助你了解、熟悉攻讀博士學位過程的種種，使你最後不致於面臨這種處境。根據我們的經驗，大部分可以達到副博士標準的學生，只要在適當的情境之下，通常也具備取得博士資格的能力。

- 審查委員可能說該名博士候選人實在無法令人滿意，而且也沒有重新提交論文的機會了。

這是覆水難收的局面。會發生這種情況，不是因為指導教授對博士資格的要求一點概念也沒有，就是根本弄不清楚什麼是真正的研究。當然，理論上來說，這種事情是不應該發生的，但事實上就是有這種情況。然而，只要指導的過程和研究學位的制度配合良好，應該都能避免這種不幸。如果你沒有執行專業研究的潛力，應該會受到特別的關切，並且遠早於提交論文之前，就會有人建議你另覓出路。為了避免遭遇這種晴天霹靂般的失敗，你應該找一個了解博士資格需求的指導教授，並且向他學習。

上訴程序

多數大學都有學術上訴程序，國家研究生委員會（National Postgraduate Committee）提供了上訴程序的指導原則，但是細節則根據各校之規定而有所差異，需要的話，你可以向學校查詢這方面的訊息。通常這些規定讓你得以發出不平之鳴。舉例來說，在某些情況下，研究委員會可能認為你的研究工作進展無法令人滿意，甚至根本停滯不前，因此建議撤銷你的學籍。如果你能提出適當的證據申請上訴，你的案子將會由次級委員會的獨立成員再度討論。不過，這種局面通常只有在你和指導教授完全沒有聯繫的情況下才會發生。不管你和指導教授為什麼會走到這樣的地步，一旦發生這種事，你都應該亡羊補牢，趕快找到另外一位指導教授。

在各大學對審查結果提出上訴的案例中，最普遍當屬學生對於論文審查結果的不滿，包括重新提交論文或降級受頒副博士學位的決議。首先，上訴者必須證明自己不是在進行纏訟

（vexatious）。換句話說，他必須提出明確（prima facie）的證據。上訴者最常提出來的理由是，審查委員並非該領域的專家，因此無法以適當的標準來評斷此一研究。但是，這不見得是個好理由，因為一般來說，化學家不會被指派去審查心理學的博士資格。不過如果是一名社會歷史學者則以社會學的觀點指出某部論文並不適合放在社會學領域，其貢獻應該較屬於歷史學方面。候選人對這一類決議所提出的上訴有可能會受到考慮，而請來更多審查委員評估該論文。問題是如果論文本身就已經游走在及格邊緣，那麼，越多的審查委員參與審查，則論文通過的機會就越小。

　　另一種常見的上訴情況是，當審查委員認為論文已經糟糕到無須重新提交，或只能勉強頒與副博士學位時，候選人可能決定提出上訴。此時他必須提出詳細的證據以證明自己並未受到適當的指導。這些證據可能包括系所的不當訓練、指導教授的學術資格不足、指導教授過於忙碌或對研究主題沒有興趣等。學生在修業期間遭遇到的個人特殊處境（如生病、離婚等）可能也能作為上訴的基礎。聽取這些證據以後，審理上訴案件的委員們可能相信，在良好的指導與適當的環境中，該名候選人的確有潛力達到博士資格的要求，因此應該有能力改善論文並且在一定的期間內再度送審。你也必須了解，委員們不可能因為候選人的上訴而作出接受博士論文的決定（只有審查委員會才能作出這項學術性的決定），最多只能決定給予候選人改善或重新提交的機會。

訴訟

　　最近幾年曾經有學生將學校一狀告到法院的案例。主要的爭端是學生認為學校收了學費，卻未履行約定，沒有善盡提供教育服務的責任。在這種情況下，大學部的學生獲得學雜費退款。有一名博士班學生抱怨，學校提供給他的指導及支援在質和量方面都相當匱乏。結果該大學承認這項指責，並表示願意提供該名學生更多時間和經費，以幫助他完成學位。然而，該名學生選擇繼續將此案上訴到大學督察（university Visitor）處。督察是最高的大學合法當局（通常是以英國女王名義行事的大法官辦公室），具備了修訂程序的權力。不過，最後該名學生依然沒有獲頒學位。因此，我們必須再度強調，法律能夠決定關於傷害的賠償方式，但是卻無法改變是否頒予博士學位的學術決定。這並不是一個以法律為基礎的決定。

行動要領

1. 你必須掌握、調查自己適用於哪些正式制度下的程序規定。然而，你也要注意是否有建立個案或例外的可能性，必要的話，這些可能性相當值得一試。
2. 有關博士學程的各項規定可能包括助學金、初期註冊的身份、適當的進展、升級成為正式博士生、提交論文、指派審查委員、口試等，有時也包括關於上訴程序的規定。你應該隨時注意自己的行為是否符合各項規定的要求。
3. 為你的論文作一份條列摘要，以為口試之準備。

第十一章

指導與審查

　　本章主要是針對指導教授而寫。我們除了提出各項策略上的建議，希望能夠提升指導品質以外，也試著讓指導教授們發掘這個角色的豐富面貌。不過，本章也有助於學生更深入地了解指導教授的工作本質，以促進雙方關係的品質。

　　想要提升指導品質，指導教授必須了解學生對他們有何期望。一旦能夠掌握來自學生的「內部訊息」，老師就將更能有效地指導研究生。必要的時候，指導教授還要引導學生調整期待，以便更能適應各種實際狀況。

學生對指導教授的期望

　　延續第八章的討論，Phillips（1980）發現，不管是哪個學科的博士生，都會對指導教授懷有下列期許。

學生希望受到指導

　　這樣的期望看起來似乎理所當然，但令人意外的是，很多研究生都普遍地覺得自己並沒有受到足夠的指導。老師們常常身兼數職──研究、著作、教學、諮詢及行政事務等，有時不免覺得博士班學生實在佔去了他們太多時間。指導教授或許因此

覺得指導研究生成為他們「必經的厄運」（necessary evil）。這
和理想中的師生關係似乎相距甚遠──在完美的師生關係中，雙
方有高度默契，並且皆能從中獲得喜悅與好處。

以Julia為例，在取得博士學位後的一年，當她接受訪談
時，對於指導教授仍然顯得相當不諒解。她的指導教授Dr.
Johnson不定期地和她碰面──事實上，他們曾經有超過六個月
的時間不曾接觸。雖然他對她提出的作品進行細部的評論，卻
從未和她討論整個研究的架構，以致於她的研究工作漸漸離
題，論點也變得非常薄弱。Julia的研究係有關於母親對哺乳的
態度，她企圖以整個圖書館資料為基礎，對此一主題進行歷史
學與人類學方面的研究，並且針對兩個國家的健康服務單位
（National Health Service）的態度進行調查。

顯然，Julia的能力有限，但是她卻以為自己對研究主題的
範圍規劃非常合理。當她提交論文以後，審查委員在口試時告
訴她，她的主題範圍太廣泛，以致每個部分都顯得不夠充分。
毫無意外，這樣的評論讓Julia覺得很震驚。審查委員要求她重
新提交論文，並建議她捨棄歷史與人類學部分的研究，將重心
放在調查研究的部分，使論文符合標準。

雖然在口試後，Dr. Johnson堅定地認為Julia的確應該這麼
做，但是最令Julia氣憤的是，Dr. Johnson過去卻從未提出這樣
的建議。Julia認為他並沒有仔細思考過博士的意義，以致於無
法給予適當的指導。Dr. Johnson的想法則是，如果Julia夠優
秀，她應該能夠兼顧這兩個大主題。他認為他的指導並沒有不
當之處，直到經過了口試以後，才發現另一種方式可能比較適
合Julia。

這或許是個極端的例子。但是指導教授和研究生之間的溝

通不良卻是普遍存在的問題。Dr. Johnson應該固定和Julia會面，他也應該規劃面談的內容，包括討論整個研究計畫的細節，以了解Julia是否依照雙方之前的共識，掌握適當的研究內容。最重要的是，他應該先看過Julia最早的論文草稿，如果他能夠有系統地指導Julia，他決不會讓她的論文到最後似乎變得不夠充分而難以理解。最後，Julia當時的論文還沒有成熟到可以提交送審，而Dr. Johnson應該明白地告訴Julia，這樣的論文不可能會通過。

有時候，學生覺得自己並未受到良好的指導，可能是因為他們和老師對於「指導」一事，有認知上的差異。舉例來說，Freddy和Forsdike教授（工業化學）彼此對於花在指導Freddy研究上的時間並沒有共識。Freddy說：「他實在指導得過頭了，他一天來看兩次我有沒有得到什麼實驗結果。」但是Forsdike教授則堅稱：「我們見面的次數並不夠，一個月大約只有一次。」

實際的狀況是，Freddy把每一次和Forsdike教授在實驗室的接觸都算成一次會面，而Forsdike教授則認為只有正式約定的個別指導時間才算數。此外，Forsdike教授指出，Freddy有很多想法，所以兩人的會面比較像是分享的會議。Forsdike和Freddy的認知有很大的出入，使Freddy將Forsdike教授的角色詮釋成一個「不斷追蹤結果」的人。

事實上，在三年的博士研究過程中，Freddy持續地覺得自己遭受指導教授的壓榨。他說：「我覺得自己只是指導教授的助手。不管我怎麼努力，好像總有做不完的事。我仍然一週見他兩次。他仍然站在我背後試著要我做更多實務研究—但是我決定不接受。」然而，Forsdike教授卻以為Freddy很需要他的

幫助。如果他們兩人曾經就此進行討論，這種僵局可能早就化解，而非一直拖到第三年快要結束的時候，兩人的關係才真正瀕臨破裂。事實上，會面的形式有兩種。第一種是頻繁而隨性的方式。第二種則比較正式、次數較少，而且通常雙方都必須進行事前的準備工作。在決定採用哪一種會面形式之前，應該先釐清兩者分別將達到什麼目標。

學生希望指導教授事先閱讀他們的作品

把作業或報告交給指導教授以後，學生常常覺得老師可能只在雙方碰面之前花了點時間讀了一小部分，而且似乎總是很急著結束談話。很多研究生在進入博士班之前，在寫散文或報告的經驗相當有限，也不常得到老師的評論。因此，他們預期教師會把評語寫在作業上，並且會有整體的評估成績。對他們來說，個別指導的時間應該和指導教授討論所有細節。然而，不管就進度報告、最新研究或實驗結果、論文某章節的草稿來說，指導教授未必會依照研究生的期望進行個別指導。

大多數的指導教授為了避免學生們偏離了研究主題，往往比較傾向於鎖定研究內容中的某個重點，針對此重點進行細節上的討論。研究生可能會提出很多議題，但是指導教授會略過一些雖然相關、但對論文卻不大重要的細節，只針對他們認為重要、有發展之必要的問題深入討論。指導教授們相信，這樣的方式才能夠避免學生將熱情與心思花在那些有趣、但無助於推動研究或論文進展的事物上。

然而，指導教授對於學生書面作品的處理，常常成為雙方交惡的導火線。以下引用Adam和他的指導教授Andrew（建築）的話來說明這個問題：

Adam：寫了幾個禮拜的報告，他只談到一些枝微末節的
東西。我發現他對我沒有一點幫助。他根本沒有讀我寫的
東西，所以我決定以後再也不依賴他了。

Andrew教授：每次我從他的報告中找一個部分來討論，
並且建議他對此再加以發展，他總是能夠不斷地改進，並
且獲得令人滿意的結果。

　　雖然Adam並不十分確定自己的方向是否正確，他也不清
楚自己究竟應該做什麼。從他和指導教授的話中，我們看到了
彼此在溝通上的嚴重裂痕。

　　指導教授對學生作品的評論就等於是彼此的討論，因此指
導教授寫的評論應該作為討論的基礎，以此為依據，雙方不斷
地交流新想法。有時候你可能會將這些評論暫時擱在一邊，日
後再做為論文的備忘錄，其中部分內容甚至還能納入論文中。
但是無論如何，這都不能作為完整或最終研究內容的一部分，
因為其中的字字句句都有再琢磨的必要。指導教授必須清楚地
讓學生了解如何將過去寫好的報告運用在未來的研究中。

學生需要指導教授的時候，他們希望他就在身邊

　　多數的指導教授都會認為只要學生有需要，他們隨時都可
以和學生見面。但是事實上，很多指導教授並不像自己想像中
那麼有彈性。如果指導教授定期和學生喝杯咖啡或吃頓午餐—
甚至買杯飲料請學生喝，將可以營造有助於溝通的愉快關係。

　　有些指導教授似乎沒什麼空閒，但事實上有部分的因素是
來自於教授的秘書。秘書們出於忠誠，往往會保護指導教授免
於外界的干擾—特別是對於學生。即使指導教授告訴秘書，研

究生可以隨時預約會面的時間，然而有時學生可能反而顯得退縮，因為他們不想透過如此正式的管道和教授訂定約會，擔心自己的問題讓教授覺得很瑣碎。由於學生有這種猶豫與考量，可能會使研究原地踏步，甚至產生沮喪的情緒。對指導教授來說，這種情況也很令他們感到挫折，同時也會開始懷疑學生的學習動機。

即使指導教授身邊並沒有秘書安排他會客或行程之事宜，研究生仍舊覺得很難主動向指導教授提出一個在規劃以外的會議要求一特別是當他需要敲敲那扇緊閉的門時，不由得猶豫再三。

Sheila發現，如果她在走道上或校園裡遇到了指導教授，除了一些客套話以外，雙方的交談總是很難有什麼突破。Sheila會假設老師可能正好急著去開會或上課，此時提出個別指導的要求似乎顯得不恰當。有些案例更顯示，某些學生和指導教授一同搭電梯，過了好幾層樓以後，學生還是沒能開口向指導教授提出問題或開會的要求。指導教授對於學生這方面的心理障礙應該要更敏感一些，而且至少要保持定期會面的習慣。

如果指導教授明白地表示自己有許多要務纏身，不喜歡學生突如其來的出現，在這種情況下，對於遲遲無法鼓起勇氣的學生，恐怕更是雪上加霜。這意味著學生遇到問題的時候，恐怕只能在原地浪費時間，苦苦等候指導教授主動安排會面了。

學生希望指導教授友善、開放、支持

第二章曾經提到，即使是年長的學生也會有遭遇到和指導教授進行非正式社交接觸的問題，同時我們也指出教授們往往

會忽略學生在這方面的障礙。在本章,我們將以較正式的觀點來探討師生關係。

指導教授經常認為,如果他們能夠以名字互稱,營造一種輕鬆的關係,將使學生感受到他們的友善與開放。然而,根據我們的觀察,事實並非如此。舉例來說,Charles是一名天文學的博士班學生,他說:

> 我很難從Dr. Chadwick身上得到寶貴的收穫,所以我不確定今天的會面是否對我的研究有很大的幫助。雖然我期待他可以給我一些激勵,但是我們會面時的氣氛總是很沉悶,他給的意見很少,只是偶爾插句話。我沒有從他那兒獲得很多的幫助、資訊或鼓勵。我知道他是我的指導教授,我也不想對他無禮,但是我現在似乎在躲避他。

Charles的話表達了他對於個別指導的不滿,甚至已經到了不想見到指導教授的程度。Charles的研究室就在Dr. Chadwick的旁邊,這讓Charles更覺得困擾。

然而,Dr. Chadwick仍然頗滿意自己和Charles的關係:

> 即使我每次都是在正式的會談場合中和他見面,但是我們的關係很友善。我們見面的頻率雖然不固定,但是次數還算頻繁,大約二到三週會見一次面,通常都是由他主動提出,每次碰面最長大約半個小時,有時候可能十五分鐘就結束。我們見面時大多討論關於他手邊電腦程式的細節,所以他必須說明自己的問題,然後我們再一起討論。因為這個程式將會被廣泛地使用,所以它必須要很有效率。

當Charles需要Dr. Chadwick的時候,顯然Dr. Chadwick都願

意撥出時間和他碰面。Dr. Chadwick也會將Charles主動提出見面要求視為雙方關係良好的象徵。雖然Charles總是避免直呼Dr. Chadwick的名字，但是Charles提出問題，使Dr. Chadwick更相信自己的確表現得很友善、很坦率。不幸的是，Dr. Chadwick 完全沒有意識到Charles真正的感受與困擾。另一方面，指導教授不應該只拘泥於研究工作方面的討論，更應該找機會溝通雙方的關係。

學生預期指導教授的批評具有建設性

這是很敏感的問題。指導教授的工作是向學生提供批評及自己的意見，但是表達的方式卻會影響批評或建議的效果。如果指導教授的批評過於嚴苛，可能會嚴重地傷害學生的自尊。同時，適時的讚許也是意見回饋的一部分，但是指導教授卻經常忽略這一點。很多已經取得博士學位的人談到這方面的話題時，竟然會激動到忍不住落淚（有男性也有女性）。即使他們已經拿到了博士學位，回想過去的經驗時，他們的反應竟和那些未能成功獲得學位的人一樣感傷。可想而知，攻讀博士的過程對大多數的研究生來說，都是既理性又情緒化的經驗。

學生必須在提交論文之前，學會獨立，不再依賴指導教授，並且有能力自行評估研究成果。我們在第三章討論過這方面的細節。在你和學生相處的過程中，你應該讓學生逐漸熟悉你的評估標準，這是最重要的任務之一。當他們能夠把自己置放在努力和成果之間，評估原本預期和實際狀況之間的差異，他們將會逐漸降低對你的依賴。學生必須建立自信心，才能相信自己的判斷。要建立學生的自信心，指導教授必須以支持的態度和敏銳的觀察力，持續地提供具有建設性的批評。

　　如果學生無法得到這類有益的資訊，他們很可能備感挫折、以致於失去信心，並且覺得自己永遠也到不了博士學程的終點。這種感受無可避免地對學生的未來造成衝擊。因此，本章稍後亦將探討指導教授應該如何有效地回應學生。

學生希望指導教授對研究領域具備充分的知識

　　這經常是學生選擇某位指導教授的主要理由。然而，很可能指導教授並不是學生研究領域裡的專家，特別是當指導教授和研究生的關係是由系所指定時，更容易出現這種情況。如果學生有其他的管道接觸這個領域的專家，此時指導教授的研究風格和角色是否能夠符合學生的預期，就顯得更加重要。

　　學生應該可以利用其他的教師資源。在不同階段的研究過程中，研究生或許能夠找到符合自己需求的專家。指導教授可以參考本書第三章所提出的建議，以確保學生有充分的機會接觸其他機構的專業人士。

　　雖然學生認為指導教授應該非常熟悉他們的研究領域，但是卻不見得希望指導教授對自己的研究主題過於專精。（獲頒博士學位的各項理由中，包括了候選人對於某個研究主題具有卓越出眾的知識。）

　　與其說指導教授和學生有共同的研究興趣，還不如說他們是一起工作的夥伴。這種動態的師生關係會不停地改變。彼此對研究必須有清楚的溝通，而且雙方都能掌握有關工作進度的訊息。

學生希望個別指導富有結構性，有助於雙方交換意見

乍看之下，這樣的期望似乎很單純，但是對指導教授而言卻不然。營造一個讓學生暢所欲言的舒適環境、以推動論文的進展，並不是件容易的事。我們已經舉例說明學生和指導教授之間對於親密度和可接近性，在認知上存有很大的歧異。如果指導教授有很多個研究生，不妨以研究討論會的方式，讓學生齊聚一堂進行討論，同時指導教授也出席這項討論會。

另一方面，如果指導教授只有一兩個研究生，則可以透過系上安排討論會，並且由指導教授們輪流出席。由一名教師出席研究生的討論會，可以督促學生確實舉行討論會。然而，如果有數位教師同時出席，學生們可能反而覺得拘束，以致於發言不太踴躍。透過討論會的磨練，學生們會漸漸地習慣在個別指導時間中和指導教授討論。我們不建議由單一指導教授負責整個系所的討論會事宜，因為這樣一來，很多學生就沒有機會在這種場合中更了解自己的指導教授。

學生藉由討論會訓練、發展自己的思考能力，並且將自己的想法加以組織，並且落實在文字當中。討論會也可以作為學生日後在研討會發表報告的暖身練習。

學生希望指導教授能夠了解他們的想法。如果要了解學生，指導教授可以透過一連串的問題，引導學生表達出真正的想法。某些時候，學生可能因為擔心自己的想法太過單純，所以在說話或書寫時會刻意用複雜而迂迴的方式表達，更或者他們根本還沒能夠釐清自己的想法。雖然指導教授並不一定要接受有關於解讀心思的訓練，但是不妨學習一些簡單的技巧，使

自己在面對不善表達的學生時，可以旁敲側擊地了解學生的想法。

　　此外，指導教授也需要挪出一段時間，不受打擾而專注地和學生討論。因此，學生認為教授在個別指導時實在不應該接聽電話。學生會有這樣的期望，並不難理解，但是很多教師們聽到這個建議時的反應都是莞爾一笑。撥出一段完整的時間和研究生討論進度，會讓學生覺得自己受到重視，也覺得自己的研究的確具有受討論與被尊重的價值。當學生們正凝神說明一個複雜的想法，講到一半卻被打斷，這是再令人灰心不過的事了。相反地，如果學生和指導教授都能夠融入某個議題的討論中，往往會有欲罷不能、樂在其中的感覺。

　　如果討論的過程中一直受到打擾，學生不但會覺得不受尊重，也可能否定自己的工作價值。如此一來，再舒適的討論環境恐怕也發揮不了作用。

　　在個別指導的時間裡，指導教授應該盡可能地阻斷來電或設定成轉接模式。如果不行的話，至少指導教授應該告知來電者，自己正在進行一個重要的會議，稍後再回電。除了有非常緊急的事情以外，如果指導教授任由來電妨礙了早就安排、時間有限的會議，可說是一種很糟糕的態度。

學生希望指導教授和自己興趣相投，並且提供更多資訊

　　有很多方式可以做到這一點。最重要的是，指導教授應該考慮學生目前需要何種幫助。舉例來說，在剛開始的時候，給學生一堆參考書目，要他們去圖書館找書來讀，恐怕是不夠的。有些文章可能很難找，所以某些學生可能需要教授給他們

文章的影本,以幫助他們進入狀況。指導教授也可以把自己收藏的文章或書籍借給相關領域的學生。

在稍後的階段,指導教授必須提醒學生注意其研究議題在研討會等學術活動中有何最新發展。在這個階段中,指導教授和學生雙方都應該閱讀相關文獻,並且分享期刊裡的文章。事實上,師生彼此交流的報告與訊息,可視為最基本的溝通素材,也可作為討論內容的來源。

最後,如我們之前所討論的,指導教授有責任讓學生認識該領域中的其他人,以豐富學生的資訊來源,這不是光靠指導教授一個人就可以辦到的。同時,這樣的接觸可以為相關領域的專家學者建立初步的聯繫網絡,讓他們在未來能夠持續地進行交流。

學生希望指導教授好人做到底,幫助他們找到理想工作

隨著指導教授在這方面的能力越來越有限,學生就更覺得這的確是很重要的協助。有些學生認為,如果指導教授可以在最後為他們找到一份好工作,那麼,他們也願意忍受指導教授在博士學程中總是不見蹤影。事實上,有些研究生雖然很清楚,如果選擇忙碌奔波的指導教授,自己很可能會被丟在一旁,但是他們還是寧可這樣做。因為他們認為老師的忙碌意味著他們的事業成功,未來較有可能為學生引介相關的人脈資源。他們認為,如果能夠得到這類知名權威人士的背書或推薦,即使指導教授在研究期間始終疏離,也就無所謂了。

學術界的各階層都有人認為,指導教授有一部分的責任在於幫助完成學業的博士學生找到工作。另外一方面,也有人認

爲，學生獲得博士學位以後，指導教授就可以功成身退。無論
是哪一種看法，當政府的研究經費縮減，或學校裡的就業機會
變少的時候，似乎也沒有太大的差異。

建立角色模範

　　這是指導教授扮演的角色中很重要的一部分。光說「照我
的話去做」是不夠的，而是讓學生逐漸學習「照自己的方式去
做」。因此，你自己的行爲表現對學生後來的發展具有關鍵的
影響力。你必須讓他們了解你對研究工作的信念與堅持，以及
你進行研究時的審慎態度。你全心投身研究工作、撰寫報告或
在知名的期刊發表論文，對學生來說是非常正面的典範。發表
研討會的論文、參加相關領域的討論會，不但對你的學生有好
處，你自己也可從中獲益，雖然你們可能不見得會意識到這些
潛在的益處。參與這些活動可以達到一個效果：爲有潛力從事
研究的學生樹立一個行爲模式，讓他們有明確的學習目標。

　　當你因爲其他事務的壓力──如行政工作或批改考卷，不得
不延後和研究生見面的時間，對學生來說，這意味著在你心
中，其他的工作比指導研究生還要重要。同樣地，如果你把工
作重心放在大學部的授課內容，學生們很快就會發現你並不太
重視博士班學生。

　　目前並沒有人告訴指導教授應該如何帶領研究生，因此，
我們可以假設，指導教授會以過去自己被對待的方式來指導他
們的博士班學生。如果是這樣，劣質的指導會不斷形成惡性循
環，而學生也只能繼續忍受被忽略的沮喪感。另一方面，如果
今日的指導教授能夠盡心盡力地扮演好自己的角色，讓更多研

究生覺得滿意，他們未來更有可能擔任一個好的指導教授。因此，我們現在應該努力耕耘，讓後起之輩有良好的角色示範，使學術界有更豐碩的收穫。

如何傳授研究技巧

一般來說，即使著作等身、研究成果豐碩的指導教授也可能不知道怎麼教學生做研究。他們甚至可能從未把「指導研究生」當成教學工作的一部分。

給予有效的回應

給予研究生評論是指導教授的主要工作之一。這不是一件輕鬆的差事，而且很重要的一點是，指導教授應該以有建設性和啓發性的方式回應學生的研究工作。如果評論過於嚴苛（或是讓學生有這種感覺），學生對指導教授的怨懟或厭惡可能會一直延續到後來的專業生涯裡。

在此，我們要提出一個基本的概念提醒指導教授：除了人文科學領域中的學生以外，多數的學生大多不認爲「批評」、「批判」類的字眼除了有指責意味以外，也包括了鑑賞或稱讚之意。海外學生也一樣，他們並不了解這些用詞其實有廣泛的意涵。因此，我們刻意採用「回應」這個較爲中立的詞彙，以減輕對學生的威脅。回應指的是指導教授必須針對已經完成的工作和學生進行溝通，以作爲更正或改善的依據。

給予有效的回應指的是指導教授應該以有效的方式提供自己的想法。如果這方面做得不好，可能導致以下三種令人遺憾的結果：

- 學生覺得手足無措而沮喪，他搞不清楚自己究竟哪裡做得不好，但是卻很肯定地知道自己失敗了。
- 學生不接受批評，變得過於自我防衛和自我保護。
- 學生雖然接受批評，但是對於受到批評的原因卻一知半解，導致往後更加依賴指導教授。

以上三種情況皆不符合完全專業研究人員的標準，也無法幫助學生發展獨立判斷的能力。如果學生不能獲得有幫助的訊息，他們很可能會覺得氣餒，失去信心，並且否定自己的能力。

因此，指導教授在回應學生的研究成果時，不妨採用下列的經驗法則：

- **讓學生了解指導教授有批評的權利。**這個法則看起來有點奇怪。指導教授不是本來就有權利批評學生嗎？原則上，答案是肯定的，但是為了避免發生上述三個不好的結果，指導教授應該提醒自己在日常的指導中建立這種權利。這可以藉由下列建議的幾種方式達成。
- **強調回應的目的是為了取得進展。**讓學生了解博士過程是一項由學生和指導教授共同合作的事業，指導教授做出回應的目的是為了提升學生的知識和技能，藉此創造一種互相支援的氛圍，確保彼此間沒有隔閡。
- **先說好消息。**向學生表達你對他們的支持以及欣賞，並且告訴他們你將仔細地對他的研究成果進行均衡的評估。首先要指出長處所在，並和之前的作品做比較，指出有進步的地方。這樣的做法可以建立學生的

信心，並且引領他們用開放、不自我保護、不依賴的態度，來檢討自己的作品有何不當之處。你必須真心誠意地表達欣賞，如果只說「嗯，有進步，但是……」，然後就立刻開始指出作品的各種缺陷，這是沒有效果的做法。一旦你開始滔滔不絕地發表你的評論，學生就完全忘記你說的「有進步」三個字。

- *在欣賞與批評之間取得平衡。*在進行重大的批評之前，應該先提出一些正面性評估。其中有個很好的經驗法則是，你提出幾項重要的批評，就應該相對地提出幾個值得讚許的長處。如果某個學生的作品連四個正面的優點都沒有，那麼你有必要考量該名學生是否適合攻讀博士學位，或是建議對方另尋出路。另一方面，也可能是身為指導教授的你對於現階段的進展有過高的期許，所以或許你應該試著調整自己的期待。

- *客觀地提出批評。*避免讓批評充滿個人觀點色彩，以免學生覺得「這是你對我的批評。」開始的時候，你可以先問學生自己覺得作品是否有何不妥之處，先讓他們嘗試為自己的作品做出客觀的評價。在提出主要的批評之前，不妨以類似「我現在要故意和你唱反調了。」這樣的話作為開場白。此外，你應該提到其他可以互相對照的研究，建議學生以此作為仿效的對象。

- *提出和目前研究相關的回應。*你必須讓自己的評論完全針對目前所評估的這一篇研究作品，不要提到學生過去所犯下的類似錯誤，因為這樣可能會使學生的信心大打折扣。只有當你要讓學生知道自己已有進步

時，才需要提到他過去的作品。避免對學生的人格或
能力做出籠統的評論，而是把焦點鎖定在正在評估的
作品上。因此，不要對學生說：「你的想法顯然很膚
淺，你必須對此有更深的了解。」這樣的評論是一種
概括性的打擊。然而，學生更需要你舉例說明目前的
研究究竟有何不足，以及應該如何予以改善。我們必
須再強調一次，避免評論學生的能力，例如：「你的
英文體裁很糟糕，你要加強一點。」雖然你指出了學
生在技能上的不足，但是卻沒有給學生任何線索，讓
他們知道自己需要改進的地方以及具體的改進方法。
你的評論一定要和研究作品本身有關，同時也要提出
改進的建議。例如，如果像本書作者之一Phillips一
樣，你認為英文文法中的分離不定詞（split infinitives）
和以介系詞作為結尾的句構並不合乎博士論文的文體
要求，那麼，你應該告訴學生：「最好不要用分離不
定詞，例如你在第X頁和第X頁一樣」或是「在第X頁
和第X頁，把介系詞放在句末是不太恰當的用法。」這
些評論明確地指出學生應該改善的地方。當然，如果
你像另一名作者Pugh一樣，能夠接受分離不定詞，也
覺得把介系詞放在句末能夠加強語氣，你也可能會找
到其他你認為過於口語化或不合文法的句構，要求學
生予以改進。

• *清楚地提出回應，避免模稜兩可的批評，及評估學生*
  *的吸收能力。*指導教授不要過於沉溺在批評學生的樂
  趣中。聽起來好像很簡單，但是事實上，學術生涯中
  有一部分的樂趣來自於同僚之間的批評與論戰，這些

唇槍舌戰在學術界中常被視為一種藝術，因為它們往往充滿恰到好處的隱喻、玄機或嘲諷。在博士學程的最後階段，當學生即將變成一名專業的研究人員時，以這種批評風格來評論他的研究作品並不為過。但是在博士研究的較早階段，你應該心存惋惜地對學生的作品提出批評或回應，並且配合學生的發展程度，盡可能明確而清楚地表達你的看法。損害設限（damage limitation）是很重要的，如果你給學生太多需要修正的訊息，學生可能會覺得不知所措，以致於認為你的要求過高，自己不可能達成。

- *注意你的學生對你的意見有何反應，並且針對他們的評論再度予以回覆。* 你的二度回覆必須顯示你的確考慮到他們對你稍早的評論有何反應。很重要的一點是，你不要太過堅持（或把堅持表現出來）自己對學生作品的看法，以致於學生們覺得你對他們的反應簡直視若無睹。你要記得一件事：除非學生能夠真的接受你的看法，否則你的評論就無法發揮效果。同時，你也必須展現出樂於接受學生回應的態度。

- *在每一次指導結束之前，要重新溫習指導中所提出的觀點，並且讓學生詳述接下來要進行的工作。* 這種「行動複誦」（action replay）是避免雙方產生誤解的最佳方式。你必須要確認下一次指導活動的時間，以便再度評估學生的工作與進度。雙方能否建立有關工作期限方面的共識，也是非常重要的。你不能任由學生毫無時間限制地進行下一項工作。最後，你應該督促學生用A4規格的紙張，彙整、總結每一次指導會議的

內容，並且讓你過目，經過確認無誤以後，你和學生
都應該各自保留一份以便歸檔備查。

- *以具有邏輯的架構來呈現你的回應。* 除了精確地評估
學生表現以外，你也要知道如何在不同的研究階段適
當地給予學生不同的評論。舉例來說，當一篇文章的
內容或想法不正確或不清楚時，若你針對一些不適當
的文法或標點符號提出詳細的批評，恐怕不是太有效
的做法。再以另一個例子來說，如果因為某些不可避
免的因素導致實驗或訪談的計畫遭到延遲，你應該告
訴學生不要就此暫停工作腳步，而是必須展開行動解
決問題，並且持續進行其他工作（如閱讀、寫作或分
析已完成的工作）。同時，你應該定期檢視有關障礙排
除方面的發展，並且告訴學生研究工作該長或該短、
引用更多已發表的作品、減少複雜句的使用、包含較
簡單的想法或少用一些粗俗的方言。不管這些事情對
你來說是如何地理所當然，但是你仍有必要向學生詳
細說明，明確地告訴他為什麼某些地方有重做的需
要。如果你認為整個作品都必須重寫，則你應該給予
學生明白的建議，讓他們知道重寫的前後版本應該有
哪些差異。透過這樣的方式，學生才能領悟到自己在
研究上應該注意的事項，並且更能自行判斷哪些才是
適切合宜的做法。

給予有效回應的最主要目的，係藉此培養學生評估研究之
能力，而非全然依賴指導教授。畢竟，長遠來看，學生們終究
要學習自主，成為可以獨當一面的研究者。

　　指導博士學生不僅意味著你要督促他的研究工作。攻讀博士學位的過程是一個涉及個體情感的經驗，身為指導教授，你必須就學生的能力與成就與之溝通，同時你也必須和他們討論有關於博士的義務以及其他的外在影響因素。從他們註冊成為博士班研究生開始，你可能就注定要高度介入他們的個人生活。

　　事實上，任何指導工作都可能面臨上述的狀況。可惜的是，很多擔任指導者的人都選擇忽略被指導者在個體上的完整性，而非試著了解他們在工作上所面臨的困難。在職場工作裡有這樣的情況，在學術社群中更是屢見不鮮。然而，職場中的經理通常至少上過一些人際關係處理或溝通技巧的課程，而教師卻很少有機會接受這方面的訓練。另外，研究生在情緒上對研究工作的投入，經常超越了員工對經理的責任感。

　　因此，比起經理與一般員工的關係，指導教授和研究生之間更需要有效的回應技巧。然而，學術社群通常相當缺乏這些技巧。身為指導教授的你，應該如何誠實而直接地陳述你所察覺到的問題，才不致於過度傷害了學生的信心與熱情。對學生來說，最糟糕的是錯誤的評估，以為一切都很令人滿意，一直到最後階段才發現，之前的研究工作根本不適合當成論文素材，或是頂多達到副博士的標準。當學生發現事情的發展已經超出他的預期，他可能會用各種想像的理由來解釋問題，包括認為指導教授對自己有莫名其妙的偏見。對學生來說，與其為一些不確定的原因憂心忡忡，他寧可接受明確的訊息，以作為決定之基礎。

　　例如修習天文學的Charles想知道究竟應不應該繼續讀下去：

如果可以的話，我希望繼續。但是如果Dr. Chadwick覺得
我沒有能力，只要他告訴我，我不會太難過。但是似乎沒
有人願意明白的給我建議。

　　Dr. Chadwick對於Charles的進度緩慢、不夠主動，覺得很
失望。他說：

他可能不是很有組織的工作，但是他實在應該多讀一點東
西。

　　然而，Charles則說：

我問他知不知道任何相關的評論文章，但是他說他想不起
來。他當時忙著改試卷，所以我們沒有交談……我仍然不
曉得怎麼和Dr. Chadwick溝通。我們之間一點也沒有融洽
親密的感覺。在上學期的最後一天，我們在電梯裡偶然遇
見，唯一說的話是「哈囉」。

　　另一方面，建築系的Adam在研究生生涯即將告終時，他
說：

我的指導教授從來沒有給我任何表示，讓我知道他對我的
看法。我想他可能覺得我寫的東西太無聊，所以根本不屑
給我任何評論。但是事實上，他希望由我來發表那些在系
上已經進行多年的理論。

　　一開始，Adam無法享受身為研究生的樂趣，但是到了最
後，隨著前景越來越清晰，在研討會上也獲得了某個程度的成
就感，情況漸漸好轉。Andrew教授解釋，整個情況如何逐漸

呈現明朗化：「我們曾經討論過幾次他的研究方向。」很可惜的是，只有當Adam獲得他人的支持時（通常那些人對Adam的想法都表示讚賞或認同），Andrew才和Adam從事這方面的討論。

從以上兩個例子可以看出，當指導教授沒有透過（１）定期的會面和（２）誠實的回應學生，讓學生知道教授的看法時，就可能產生上述的局面。

為了提升指導工作的有效性，有越來越多的課程是針對指導者所設計的，這些課程可能包括告訴你如何給予建設性的批評。如果指導教授覺得自己在指導研究生時，面臨某些困難，不妨選擇參加合適的課程。

採用結構性的「斷奶」程序

在第七章曾經提及，指導教授可以將「斷奶」程序融入指導風格中，讓學生漸漸學會獨立自主。除了已經提到的結構性步驟，這個斷奶過程還包括建立研究生對自我知識和能力的信心，可以判斷、管理自已的表現與行為。

有關於研討會論文、期刊文章、討論會報告或論文章節，甚至上次個別指導後的工作報告，你可以透過下列方式進行：

- 首先：學生準備簡略的草稿，寫著「這是我的想法」，然後在不經過你的檢閱的情況下，由學生自行訂正或改寫。
- 其次：和你討論過修正的草稿以後，學生應該著手準備第二份草稿，寫著「這是我和指導教授的想法」。然後學生可以再度請你評論這份稿子。

- 最後：學生準備最終版本，寫著「就是這樣了」，並且加以保存。最後，這些寫好的紀錄就可以納入論文中。

　　鼓勵學生善加利用指導教授的資源，一開始可以設定短期目標，但是隨著學生的經驗與信心逐漸增長，可以訂定較抽象、需要較長時間達成的目標。

　　在第七章我們曾經仔細討論如何在時間管理計畫之內訂定目標。身為指導教授的你必須了解：學生需要多少時間才能成為一位自主的研究者，端視他們接受了何種方式的指導。如果你總是為他們設定短期目標，工作內容相對地變得非常簡單，他們將永遠學不會自行管理時間、工作或期限。然而，如果你太早就讓他們自由發揮，或是在他們還沒不能有條理地規劃工作以前，就把期限訂得過長過遠，那麼他們恐怕會把事情搞砸。

　　指導教授必須依據個別學生的需要，調整其指導方式。有些學生需要較長的時間才能建立研究工作所需要的自信，這類學生需要較密切的監督，指定工作時通常要定義得很清楚，而且時間不能拖得太長，以幫助他們站穩腳步。其他學生可能從一開始就不需要過於詳細的指示，你只要給他們原則性的指引即可。然而，指導教授應該記住，一旦開始著手撰寫論文，任何學生都將需要比較密切的指導。

　　Greg是一名研究古代史的博士生，他從一開始就主動要求教師的指導。Dr. Green說Greg

　　通常會提出見面的建議，不過上學期的時候，我因為有點擔心他，所以要求碰個面。大部分的時候，我從來不需要

找他。即使只是我順道一提的資料或意見，下次碰到他時，他知道的內容就比我多。他真的做得非常好。

Dr. Green認爲自己之所以可以成功地扮演引導者的角色，不僅因爲Greg亦步亦趨地依照老師的指示去做，在Greg不斷累積相關的知識時，他也顯得非常地著迷而投入。每增加一些知識，都使Greg多了一些探究的動機。他對指導教授最大的期望則是，希望她能夠準備好聆聽自己最新的研究成果。

在整個指導中，或許可以參考下述結構性斷奶程序：

- 早期指示。指導教授此時應採取短期目標的方法，指定學生完成某些工作，並且針對學生的工作成果給予學生詳細的回應。

- 調節性斷奶。上個階段主要是給予指示，這個階段則牽涉到較多的支援和指引層面的指導。工作的內容、目標或時間長短，通常是經過和學生討論以後所獲得的共識。指導教授鼓勵學生評估研究作品，並且針對此等評估再提出看法，而非只限於研究成果本身的評估。

- 後期分離。這個階段包括想法的交流：由學生決定工作內容和時間限制。此時指導教授應該預期學生能夠自動自發地提出對於研究工作的評估與分析。

指導教授必須根據學生的信心發展，按部就班地實施階段性斷奶程序。指導教授的責任在於了解學生目前處於哪個階段，需要哪些支援。指導教授並且要提升自己的敏銳度，才能了解學生需要何種回應。指導教授有必要和學生分享自己的看

法，讓學生以此作為修改與進步的基礎或參考。

　　藉著和學生討論已經完成的工作，能夠引導他們訂定未來的研究計畫。除此以外，如果指導教授能夠讓已經完成及正準備進行的工作之間產生明確的互動關聯性，可以讓學生更謹慎，並且避免野心過大以致於偏離了軌道。如果指導教授對於學生的需要夠敏銳，並且教導學生學會自我管理，指導效果會比那些不懂得因材施教的老師來得豐碩許多。

　　一旦學生習得所需的技巧並且具備信心，可以自行評估成果，他們對於你的依賴就會被自我信賴感（self-reliance）取代。也就是從這個階段開始，你們之間不再是絕對的師生關係，反而更像共事的夥伴。

維繫有益的「心理接觸」

　　回到本章一開始所提到的案例，Freddy並未和他的指導教授討論如何進行研究，以及應該多久向Forsdike教授做一次進度報告。在這個案例中，教授的行為使Freddy覺得沮喪，也對他的研究造成負面影響。他們從未討論這個問題，在Freddy攻讀博士學位的整個過程中，情況從來不曾好轉。但這卻是一件可以輕易避免的事情，只要他們敞開溝通的管道討論這個問題。

　　Adam和Andrew教授之間也因為缺乏溝通而發生了類似的問題。如果Adam假設指導教授Andrew已經讀了他的報告（儘管私底下他覺得Andrew應該沒有看），他大可以問Andrew為什麼完全不提這篇報告。如果Andrew教授可以表達對於Adam的作品有何看法或疑問，雙方可以更開放地進行交流與對話。若

Adam以正面的態度提出問題，將能夠全面改變彼此的關係——Andrew教授會更積極地提供評論，而Adam也不至於認為整個博士研究的過程中，他沒有受到任何指導。當然，如果Andrew教授能夠在Adam的稿子上寫些評論，即使只是隻字片語，至少也讓Adam覺得老師真的讀了他的作品。每讀完一頁，不妨在頁尾打勾做記號，讓學生知道你沒有遺漏任何訊息。

研究生是非常容易喪失信心的，因此，你有一個很重要的指導工作任務——維持學生的士氣。在學習做研究和成為一名專業研究人員的過程，必定會歷經懷疑和氣餒的低潮，特別是當放棄似乎成了唯一出路的時候。有某些時期，學生的情緒會特別浮動不安，這時你需要有技巧地伸出援手，幫助他度過黑暗期。

不要被合理化的理由所欺瞞，即使這些理由看起來多麼有說服力。不要因為同情學生，就告訴自己現在不是和他見面的時候，或是對某些證據視而不見，這對問題的解決沒有任何幫助。當然，當學生需要你的支持時，你應該提供援助。不過，當你發現有很多其他的理由不斷浮現，解釋學生為什麼需要更多時間的時候，你應該先確認學生是否真的可以克服這些障礙。

如果學生有休息一年的理由，他應該在體制內辦理休學手續，不要將日益擴大的研究工作缺口建築在非正式的基礎上，長遠來看，這樣的做法也比較有益，因為長期的不確定感缺乏約束力，將有害於你和學生之間的「協議」。因此，你一定要定期地：

- 在雙方都同意的口頭協議之下，對你的期望提出聲明。

- 詢問你的學生有何期望。

- 同意彼此可以對任何改變進行妥協。

採用上述的方式處理師生關係，可以讓學生感受到指導教授對他的關注，同時也強調雙方的合作夥伴關係。

為了維繫適當程度的心理接觸，你必須扮演堅定的指導教授角色。如果你擔心自己對遭逢困難的學生太過強硬，而且讓這樣的擔憂影響你的專業判斷，你將無法在學生最需要你的時候提供協助。你應該為學生訂定一套程序——一方面，要避免過度地分擔學生的工作，另一方面，也不要因為自己對學生的憐憫，而任由他遭挫折擊潰。學生需要的不是你的同情，而是你的專業。

鼓勵學生在學術界的發展

指導教授的工作並非僅止於確保學生的研究有令人滿意的進展。當博士班學生日漸靠近他所追求的學位，也意味著他具備了更多完全專業者的特質。然而，完成一個符合標準、令人滿意的研究計畫，並不足以成為真正的專業者。真正專業的研究者必須將自己獻身於學術。因此，幫助學生為學術生涯做準備，也是指導教授的責任之一。

你可以鼓勵學生針對自己的研究或相關主題舉行小型討論會，並且參加由別人主持的討論會。這可以讓他們學習對發言者所陳述的內容提出疑問或評論。研究生也應該汲取參加研討

會的經驗，練習在台下發言（就像他們在小型討論會中所學到的一樣），這種訓練有助於提升日後發表論文時的表現。

學生的報告可能已經達到可以發表的水準，在這種情況下，身為指導教授的你，必須要帶領學生把自己的作品發表在聲譽良好的期刊上。為了助學生一臂之力，你可以引介自己的人際網絡，鼓勵學生多接觸和他有相同研究興趣的相關人士。除此以外，你應該試著偶爾給學生一些教學工作，讓他們掌握一些關於教學機會的資訊—例如週末或夏日學校的教學工作，為他們的學術生涯奠定基礎。

事實上，提供研究生這些方面的支援，並不會佔據你太多的時間。當你想參加一場研討會時，你只需要向學生提及這場研討會的訊息，或為他們簽署一張費用報支單。同樣地，當你要和另一個大學的朋友聚會時，不妨邀請你的學生一起參加，對你來說只是舉手之勞，但是卻可能對學生帶來極大的助益。

當研究生也是你的研究助理時

如果你所指導的研究生同時也擔任研究助理的工作，你的任務可能就更複雜了。在這種情況下，兩組角色關係同時運作—分別是計畫負責人／指導教授和研究助理／學生。這兩組角色並不完全協調。不難理解，擔任一個研究計畫的負責人，必需將完成研究計畫視為優先考量，而研究助理是研究計畫配置的人力資源。為了要達成目標，負責人必須有效地安排、利用資源，這和所有組織對部屬的態度並沒有太大差異。另一方面，具有學生身分的研究助理也和其他的博士學生一樣，有權利接受指導的服務。

根據我們的經驗，對很多指導教授來說，管理研究計畫方面的工作量遠遠超過了指導學生的工作量。如果學生的論文題目和研究計畫不同，那麼顯然雙方都要耗費更多心力。然而，如果學生的論文題目和研究計畫有密切關係，則會產生另一種矛盾：究竟哪些工作屬於攻讀博士的研究工作？又哪一部分的工作應該優先進行？

想要有效地處理類似狀況，指導教授必須先做三件事。首先是盡量在研究計畫開始之初，和學生就博士研究之本質取得共識，並且釐清博士研究和其他研究計畫之間的差異。其次，雙方對於學生的時間分配應該達成協議—不妨以每週為基準，規定學生應該至少／至多花多少時間進行博士研究。第三，指導教授或計畫負責人應該體認自己的雙重角色。儘管手邊還有正在進行的研究計畫，也不能把重要的教育服務工作丟在一旁，而是應該如本章所述般，善盡指導教授對學生的職責。

良好指導的成果

在即將結束對於指導的討論以前，我們可以思考：良好的指導可能為學生和指導教授分別帶來哪些好處？以下是我們歸納的結果：

- 準時完成博士學程。
- 透過研究的歷程，對某個主題有更深入的了解。
- 在研討會上發表報告，使學生必須面對外來的評論。
- 和其他專業人士見面，使學生有機會和他們交談，加深彼此的印象，或許還能成為學生的推薦人。

- 在學術期刊上發表報告，使學生的作品有接受期刊審查的經驗。
- 使學生投入博士後研究或發表作品。
- 對學生和指導教授都有激勵作用，並且促使學生展開研究生涯。

如果你花一點時間思考如何幫助學生在學術的階梯站穩腳步，不但能夠獲得學生的喜愛與尊重，日後當學生在學術界有出類拔萃的表現時，你也能夠很自豪地提起這段指導的往事。

如何審查

指導教授不能審查自己學生的論文，但是卻經常有機會審查其他學生的博士資格。他們可能擔任內部審查委員，也可能是其他學校的外部審查委員。他們應該如何勝任這項重要的工作呢？

首先，我們必須重申，博士學位的標準不可能建立機械化或官僚式的法則或規定。一般來說，審查委員會檢視學生在概念方面的了解、批判能力，以及是否具有清晰而健全的論證結構。通常每個學門對於博士候選人是否已具備博士資格，都會有基本的共識。然而，在某些情況、某些學科或某些時候，審查委員仍然會採取共通原則進行判斷。諸如「對知識或思維有重大的貢獻」或「證明有能力進行獨立研究」這類說法，經常出現在相關的規定中。

審查委員和學生一樣，必須透過定期地閱讀、評估近期通過的博士論文，方能了解該學科最新的審查標準。他們也要接

觸相關領域的期刊論文，以掌握目前該領域認為什麼才算得上是有貢獻、值得發表的研究。事實上，審查學生論文可以比擬成審閱投稿至期刊的作品，這樣的比擬讓審查委員了解該學科的審查標準有何變化趨勢，並且以下列問題檢視學生的論文：論文所呈現的深度是否令人印象深刻？學生是否能證明自己對相關議題有過人的理解？學生是否具備批判能力？學生是否有創意地整合了研究材料，並且勾勒出引人注意的研究方向？這些問題通常必須重新整理成：論文是否呈現足夠的深度？學生是否證實有適當的批判性理解？學生是否能充分地整合研究材料以作為未來研究的指引？在任何審查的過程中，審查委員總是期待有好的作品出現，即使在層次很高的博士論文審查中，委員們也一定會問：這個論文真的夠好嗎？不過，審查委員不妨想一想，在大學裡，不管學生的成績是優等或中下，總是能夠獲得大學學位。因此，儘管一部博士論文不是無懈可擊，但是仍有可能是一部合格的論文。

在舉行口頭答辯以後，審查委員經常討論的問題是：如果學生表現不佳，顯然是不當的指導所造成的，應該如何處理這種狀況？因此，指導教授往往會覺得自己也受到審查，並且開始自我防衛，企圖證明學生的研究作品已經具備博士學位的資格。事實上，這也是為什麼大多數的大學都規定指導教授不能擔任內部審查委員。審查委員必須面對下列問題：指導教授顯然有所疏失，卻讓學生承擔後果，這是否公平？由於審查委員必須維護博士資格的標準，因此只能有限而適度地對候選人表達同情，通常頂多允許他重新提交論文。

我們在第三章提到，研究委員會對大學施以相當壓力，督促學校讓學生完成博士學程，並且在四年內提交論文。事實

上，雖然委員會已經成功地提升博士生在期限內提交論文的比例，但是另一方面也因而出現更多「進一步修改後重新提交論文」的審查決議，教師們對於這樣的結果往往習以為常，因此也不會有太大的困擾。

然而，比較不幸的是，審查委員會面臨通過論文數量的底限，使大學中成功獲得博士學位的人數達到令人滿意的程度，以符合研究委員會的評比標準。因此，審查委員必須小心地處理這項壓力。關於這一點，研究委員會宣稱，他們並不是想要把博士資格的標準拉低，而是為了更有效率地讓學生取得學位。

在第十章的正規程序中指出，博士學程的目標是培養學生成為一個完全專業的研究者。博士審查也呼應了這項目標：是否頒發博士學位，必須視論文本身、學生在口試中的答辯表現以及相關補充資料而決定。因此，口試表現也是審查的重點之一，如果沒有經過學生的答辯，僅由論文表現就決定是否頒與博士學位，顯然不夠慎重嚴謹。我們可以從兩個不同的理由來說明這一點。

首先，透過口試中的詰問，審查委員可以確定論文是否真的出自該候選人之手，他們甚至還得簽署一份聲明書。其次，如第十章所述，博士資格審查可能的結果之一是：審查委員認為書面論文已經達到標準，但是學生在口試時的答辯卻不夠充分。在這種情況下，審查委員往往暫緩頒發學位，要求候選人加強對研究內容的了解，並且做好更周全的答辯準備，經過一段時間以後再參加一次口試。（請注意，此為英國的狀況。目前在澳洲，書面論文即為審查的所有內容，除非審查委員認為該論文處於「及格邊緣」，否則並不進行任何口試。）

口試

　　口試源自於中世紀，當時的博士候選人發表論文時會舉辦正式而公開的討論，在候選人發表論文以後，由聽眾投票決定是否頒與博士學位，並且承認其教師身分。在今日，英國的口試則是由兩位到三位的審查委員提出問題與評論，和學生進行討論。

　　口試有很多不同的型態。Phillips（1985）指出，根據候選人的經驗，口試可能在輕鬆怡人的午茶氛圍中進行，也可能是一場嚴苛而糾纏不休的審問過程。在此，我們提出一個有用的架構，以避免上述兩種極端情境的發生。

　　我們必須先指出：多數學生在事前對於口試的狀況，通常知道得很有限（甚至一無所知）。沒有人正式地討論過口試內容，而且學生們所掌握的訊息常來自於其他研究生口中，而非自己的指導教授。有時候他們甚至不知道有多少人會出現在口試場合。也許他們曾聽說口試委員會針對整個論文進行概略的討論。但是，他們可能也聽說過有些論文雖然篇幅龐大，但是在口試中卻只繞著其中一個小細節討論。學生預料口試委員會把毫不留情地抨擊他們的論文，好聽聽候選人怎麼自圓其說。面對這樣的情況，學生們難免會如臨沙場般地膽顫心驚。

　　學生對於口試有限的了解，使他們準備起來格外困難。因此，如果有擔任口試委員經驗的人（可能是指導教授）能夠和學生針對口試形式、出席者、時間長短等加以討論，並且舉例說明，對學生將有莫大助益。

　　事實上，口試和並不是一場候選人與審查委員之間的戰爭，因為事實上他們都在同一條船上。審查委員試著拉候選人

一把，使他們晉身成為專業的研究者，所以他們必須要確認這
些候選人是否已做好萬全的準備。審查委員們（一個是內部委
員，另一個是外部委員）提出問題，候選人回應問題、捍衛論
文，藉此證明自己的專業研究能力。

通常只有內部委員、外部委員和候選人參與口試程序。
（如果是一些跨學科的主題，可能會有兩名外部審查委員，則
共有四個人參與。）指導教授會列席，但不能參與討論。指導
教授在口試中有兩個功能：首先，在一開始的緊張氣氛中，讓
學生見到熟悉而友善的面孔，有助於壓力的紓解。其次，如果
審查委員做出重新提交論文的決議，指導教授也可以掌握需要
修改的地方，因為他必須負責督促學生進行後續的修訂工作。

內部審查委員經常擔任口試的主持工作，因此他們有責任
讓口試以清楚、有條理的形式進行。在候選人進入試場之前，
審查委員們通常要先行商議口試程序。舉例來說，他們可能會
約定發問順序。他們也必須說好由誰提出哪一方面的問題，雖
然一旦進入討論後，每位口試委員可能都會想要參與別人提出
的問題。自由發言（free-for-all）也是一種很好的方式─沒有
人知道下一個開口的人是誰、下一個討論的主題是什麼。口試
的形式很重要，候選人應該要對此有所了解，因為這樣能讓每
個參與者都顯得更有自信。

就像所有正式的訪談情境一樣，主席最好以一些簡單的問
題開始發問，讓候選人感受到大家正仔細聆聽他的發言，以建
立他的信心。與其以「到這裡會不會很麻煩？」為開場白，口
試中經常以「你為什麼會選擇這個研究題目？」之類的問題開
始。口試不要持續兩個半小時以上，如果真有延長的必要，主
席應該提出稍事休息的建議，好讓口試委員溫習之前的討論內

容，也讓候選人補充體力。

行動守則

1. 了解並試著達成學生對指導教授的期望。如果你不能完全符合，或你認為有些期望並不合理，不要若無其事地忽略。你應該把問題提出來和學生討論。

2. 無可避免地，你是研究生的角色模範。就這一點來說，你個人對於學術生涯持續的投入與貢獻，對學生未來成功與否有重要的影響。

3. 指導研究生和對大學部學生講課一樣，都是一種教育的過程，有賴於最適當的教學方式。為學生設計適當的學習情境，學習如何在信賴的關係中有技巧地回應學生。

4. 由於學生很容易覺得灰心，指導教授有一部分的責任在於提振學生的士氣。不管在情緒方面或求知方面，你都要試著了解他們的問題。

5. 建立有益的默契，讓學生和老師對於各自的工作內容取得共識。如果工作進度停滯不前，千萬不要對這種情況視若無睹。你們應該檢討雙方之前對於進度的協議是否不恰當，必要的話就要重新訂定進度。

6. 為你的研究生尋找更多的學術支援——例如：讓他們主持系上的討論會、在研討會上發表報告、提供機會讓學生與其他學校的傑出教師進行交流討論、和學生聯合在期刊上發表研究等。

7. 如果你的研究生同時也是你的研究助理，在管理你的研究計畫時，不要忽略你也必須提供指導的服務。

8. 在進行審查工作以前，必須瀏覽、檢閱在相關領域最近通過
的博士論文，以便掌握近年來對於博士資格的審查標準。

9. 口試的過程應該有清晰的結構，並且要讓博士候選人了解此
一過程。

第十二章

學校的責任

　　本章主要針對學校裡的決策者而寫。博士班學生成功與否，深受研究環境之影響，同時也會相對地反映該大學在研究評比上的表現。在大學的各種研究計畫中，由研究生所進行的案子佔有相當高的比例，因此，如何為研究生提供有利的研究環境，是值得學校裡的相關單位加以思索的問題。本章我們將概述學校在制定政策與規定及提供資源方面的責任。另外，我們也將談到系所所扮演的引導者角色，以及如何建立一個支援性的環境。隨著研究生的人數日漸增加，大學機構已經不能再規避這個重要的議題了。

　　大學機構必須以其對大學部學生的態度，對研究生負起相等的責任。我們必須強調，這並非一個不切實際的要求。不幸的是，很多學校並沒有這樣的體認。對此，它們的態度似乎不是「我們準備好隨時提供支援」（引述自一名學生），而是「你是因為特權才能在這裡，為什麼還要找麻煩？」

• 大學機構的責任

提供給學生的支援

結構性的入學程序

傳統上，英國的博士教育模式是一名研究生搭配一名指導教授。指導教授負責提供學生所需要的協助，包括關於學科內容、研究方法和研究主題的發展、對學生灌輸關於專業標準的訊息，以及相關的個人化支援。由於指導工作的內容過於龐雜，很多指導教授乾脆選擇性地執行某些他認為重要的工作。由於指導教授個人的時間、精力、能力都很有限，學生常常必須自己面對孤獨的研究生活，結果往往導致完成學位比例偏低的結果。

Wright（1991）引述Bill的話說明這個情況。Bill是一名研究食品科學的學生，回憶起他剛剛成為研究生的那幾個星期時，他說：

> 我覺得很困惑、很孤單，也覺得自己迷失了方向，這令我感到很挫折……我到系上找他（指導教授），跟他說我要註冊，然後找個地方住。他告訴我：「那就去啊。」他看起來好忙，這是我對他最主要的印象──他太忙了。然後他說了一句「去做些文獻方面的研究」之類的話，說真的，我不知道這是什麼意思。然後，我猜他的意思應該是叫我多跑圖書館。

　　這一類的經驗屢見不鮮，顯然也難以令新鮮人覺得滿意。所有的學校最起碼都應該採用全校統一的結構性入學程序幫助新進研究生，要求每位剛註冊的研究生參加定期性的會議（例如每週或隔週舉行），並且指派某位負責研究生事務或對此有興趣的教師來主持會議。這種會議之所以重要，是因為研究生們可以藉此知道哪些人員和研究生事務有關，以避免在遭遇困難的時候求助無門。

　　這一類的會議應該持續舉行至少六個月的時間。初期的會議應該以提供有關學校的訊息為主，包括如何充分地利用圖書館或電腦的服務、如何聯繫相關的教師或其他系所的研究生等。當我們已經是學校的成員之一時，往往不覺得進入狀況是很困難的事，也很容易忘記剛開始自己也一度不知所措。在這個階段，「讓他們自己摸索、學習適應」，可以說是最沒效率的策略。

　　接下來的會議應該以研究過程為主題，包括讓學生了解自己和指導教授的關係、解析研究生的期望與恐懼、或向學生強調「工作期限」的重要性─事實上，也就是本書所提到的大部分議題。在大學裡，研究生社團會督促學校為所有研究生提供相關的訓練，包括學習方法、溝通技巧、寫作技巧、報告技巧、電腦技能等，目前學校在這方面往往只有瑣碎而零星的安排，顯然無法符合所有研究生的需求。

　　這類訓練課程可以使研究生在一開始的時候，就對未來三年的研究生涯有所認識，同時也能預見自己可能歷經的各種階段。儘管這並不能使他們豁免於日後的厭煩或消沉，但是，當問題真的發生時，他們可以更清楚地檢視自己的處境。受邀的講者可以是剛拿到博士學位的學長姊，也可能是負責研究所系

統的相關人員等。

這一系列的會議使學生認識很多處境相仿的人，並因而產生共同體的感受，不致於過於強化彼此在學門與師資上的差異。同時，這樣的過程使學生瞭解一般研究生所面臨的普遍問題，並且提供解決的知識與技能。最後，這也能夠建立學生之間的網絡，並且讓學生自行決定是否有必要將會議延伸到未來，以小組的方式繼續討論（也許不需要教師成員的參與）。

切記，對於來自於非英語系國家或文化的學生，學校應該特別注意他們的個別差異，而非以偏概全。「在非英語系國家的學生社群中，個別學生之間的差異程度，甚至超越了非英語系國家的學生社群與英語系國家的學生社群之間的差異。」（Geake和Maingard 1999：53）。

提供博士研究活動的設施

每個系所都應該為研究生提供空間與桌椅等資源，通常大學裡設有研究生休息室，學生可以在這個空間中與其他科系的學生交流接觸。學校必須讓這些設施便於使用，包括研究室空間或儀器、聯繫技術人員的管道、以及其他一般性的服務（如圖書館或電腦）。

為了鼓勵學生從事研究，並且建立對於學術社群的歸屬感，大學應該撥出一筆經費專為研究生使用。相對來說，比起其他活動所需要的開銷—如社會科學或商學院學生偶而以郵寄方式進行問卷調查、生物系學生培養細菌、歷史系學生的微縮膠片、研討會經費、影印費或旅費等，這些經費並不算高。

另外，兼職學生的人數逐漸增多，學校要正視他們的存在，讓他們享有和全時學生一樣的資源與設備。舉例來說，有

些學生無法在上班時間到圖書館查閱書籍或期刊，因此，圖書館開放時間有延長的必要，同樣地，電腦設備或專業統計方面的工具也需要更高的可用性。

研究生手冊

　　學校應該製作一本專門為研究生設計的手冊，以便釐清研究學位的本質及學校的體制。手冊應該傳達的主要訊息為：學校結構的說明、註冊之規定、升等、費用、審查與學位的頒發。此外，學生會代表們積極研擬指導教授與研究生的行為規範，也常被納入手冊當中。這些規範一方面指出研究生對教授的合理期望（如指導教授在某些主題或學科必須具備的專長、指導會議的頻率與長度、對於學生提交的作品應該有立即而富建設性的回應等），另一方面也清楚地說明指導教授對學生的要求（如謹慎而獨立的研究、實驗工作的紀錄、在雙方同意的期限內成交書面作品等）。

　　學校也有責任在不違反規定的範圍內，提供教職員生一套合乎道德與專業原則的行為準則，特別是當研究生在面對具有道德爭議的實驗及資料蒐集工作、或是不容於學術界的抄襲與造假行為等問題時，更可以此為行事之依歸。有關於騷擾或師生關係等議題，也應該納入手冊中。同時，惟有透過種族的觀點，才能夠檢視學校是否對所有學生一視同仁，是否讓來自各種背景國家的學生都享有平等的機會追求研究學位。如果能確實地規劃手冊內容，不但可以讓學生善加利用各項資源與服務，更能讓學生如魚得水進步良多。

語言能力的訓練

　　非英語系國家的學生獲准進入博士班就讀以後，學校（而非個別指導教授）有責任提供英語訓練課程。

　　在剛開始篩選申請入學者的時候，學生的英文程度並不是考量的重點。如果向海外學生收取高額學費，卻不能以相對價值的服務回報，顯然不符合公平原則。事實上，英國的大學最近經常受到抨擊，指責它們在授與博士學位時，對於英語能力不佳的學生往往有雙重標準。為了補救這個缺失，有必要將資源作適當的分配。

　　在註冊成為研究生以後，學生們應該儘早體認提升英文能力的迫切性。他們必須明確地知道自己需要具備何種英文程度，才能夠寫出合乎標準的論文。根據經驗，海外研究生常常在研究工作將近尾聲的時候，才真正注意到英文書寫的標準。

提供給指導教授的資源

訓練指導教授

　　數年來，我們和各校的指導教授們以團體的方式互相討論，得到一項看法：對指導教授施以訓練，主要是為了幫助他們更有效地扮演引導者的角色。不管指導教授是否有指導研究生的經驗，都應該參與這一類的團體討論，因此大學機構有責任提供進行討論活動所需的資源。討論活動的參與者可能來自各科系—甚至來自各校，討論內容以指導教授的角色任務為主題，並且避免涉及個人興趣、政治傾向或個別差異的話題。

　　對指導教授角色重新定義，是討論的焦點。同時也檢視指導教授在學生攻讀博士過程中所具備的影響力。在這種活動中，指導教授有機會彼此交流，討論在博士學程的各階段中，應該分別採取哪些不同的指導方式。在學術工作內容中，指導研究生的工作很少被提出來討論。或許是因為大部分的指導教授都假設別人做得很好，因此不大好意思提出自己在這方面的疑問。透過這種討論，他們將發現原來很多同僚和自己一樣，對於何謂良好的指導也充滿疑惑。這樣一來，大家可以共同訂定某些標準，並且據此致力提升指導品質。另外，還有一些重要的問題也能作為議題，例如改善大學篩選學生的程序、適當的學術標準、有效地指導學生書寫等。

　　如果由一名深諳博士教育的獨立專業人士—如顧問或訓練師，協助指導教授們進行團體討論，可收事半功倍之效果。舉例來說，我們在十一章強調，指導教授不僅要關注學生的研究進度或內容，同時也要和學生討論彼此的關係。指導教授們討論與學生溝通的技巧並且接受相關訓練，以便更有效地回應學生。如果學校能夠分配資源，促成這類討論會的舉辦，不但能夠清楚地定義指導教授的角色，同時也可以提升指導品質。部分的研究委員會已經察覺這個問題，因此也開始撥出資源與經費，以作為訓練指導教授之用。

將指導研究生的工作納入教學學分

　　要改善指導品質，有一個重要的前提：將指導博士班學生的工作視為教學學分。在過去，指導博士班學生是大學教師們理所當然願意負擔的額外工作。當時，能夠指導博士班學生是一種殊榮，指導教授們並沒有獲得任何教學報酬。因此，有些

指導教授覺得自己對學生的幫忙純粹只是出自於好心，也不認為這是自己主要的工作，導致對研究生採取敷衍塞責的態度。

事實上，老師對研究生的指導和他們為大學部學生授課，兩者具有相等的重要性。同時，教師花在指導學生上的時間也應該併入教學時間的計算。學校應該將指導研究生的工作列入教師行事曆中，並且編列相關預算──包括指導的鐘點費和相關經費支出。

有些學校已經將指導研究生的工作納入教學學分中。但是顯然這種學分制度並不完善，而且無法適用於多數情況。學校之所以採用這類制度，通常只是為了把所有的教學及行政工作平均地分配給教師們。其中有兩種常見的模式：指導全時研究生相當於教學工作量的十分之一。指導兼職研究生則相當於教學工作量的廿分之一。

當指導教授知道自己的角色受到重視、也可以作為資格升等的評估項目時，他們會更願意以本書提到的各種方式來支援研究生。學校應該利用可能的資源，使指導工作具有整體性，將之視為教師的正式工作範疇，以大幅提升博士教育的效果。

學院／系所的博士研究導師

大學應該設有學院／系所研究導師的職務，以確保博士系統的正常運作。通常這一類的工作需要佔據教師相當多的時間（大約三分之一或二分之一），因此擔任此職務的教師應該減少教學方面的工作量。

這種角色常被賦予各種不同的頭銜，例如研究副教長（sub-dean for research）、博士學程召集人或研究主任等。我們姑且以博士研究導師稱之。系所應負起規劃博士研究導師角色

的責任，以下我們將分述其功能與職責。

建立適當的規則

註冊

　　大學應該制定政策，鼓勵學校教師在面對未達入學標準的申請者時，可以用更宏觀的視野去考慮這些申請個案。這也包括學校對於有色人種的政策。這一類的政策通常是為了挑戰人們對有色人種的成見，也是學校宣示其公平機會政策的絕佳方式。即使如Bird（1996）所說，有些人仍然認為這種政策的本身就是種族歧視！

　　關於學生的篩選，唯一可以確定的是：我們不知道如何選擇會成功的研究生。Hudson（1960）和Miller（1970）曾經指出，學生在大學時的考試結果對於其能力的預測準度非常低。Whitehand（1966）更建議，不要以知識作為選擇研究生的標準，而是測試學生解決問題的能力，以作為篩選學生的基礎。

　　儘管這個問題已經討論了四十多年，但是到目前為止，並沒有太多實際的作為。我們仍然以學生在大學時的表現作為選擇的基礎，儘管大家都心知肚明，應付大學時的考試需要的往往是記憶力，而非好奇與追根究底的精神。一個充滿熱情、意志堅定且貫徹始終的申請者可能遭到拒絕，只因為他的大學成績未達中上程度。這樣的條件論的確過於武斷，即使是經驗老到的指導教授也無法斷言，有些學生可能潛藏某些特質，經過時間與經驗的淬煉後，可以漸漸轉變成研究者所具備的成熟人格。

管理學生的進度

大學應該訂定規則，以便有效地管理學生的研究進度。每名學生都應該提出年度報告，並且送交系所審查。而系所有責任總結這些報告並且進行評估，將之提送上層單位。此外，有關於休學、停學或提出上訴要求公平審理案件等事宜，應該盡量簡化流程，減少學生不必要的困擾。

從副博士生變成博士生

關於副博士學生是否或何時可以升等成博士班學生的問題，必須制定正式的運作程序。在註冊之初，系所應該讓學生了解相關程序。

剛開始的時候，研究生通常是以攻讀普通學位或副博士的學生身分註冊，經過一定的程序後，才能成為正式的博士班學生。這項升等的程序是很重要的，因為它可以說是博士資格審查過程中的第一步，也能作為學校制定標準時的參考與線索。這個程序會突顯出某些學生的潛在問題，使學校在問題尚未擴大惡化之前尋求解決之道。此外，升等的程序對學生來說也是良好的機會教育，使他們了解、並準備取得博士學位所需要的條件。

Phillip（1992）指出，從副博士升等到博士，每個學校的規定各有不同。有些系所為了達到研究委員會的資助條件，學生在註冊滿一年或十八個月以後，就可以升等成博士班學生。有些指導教授覺得學生已經符合升等的要求，會自動為學生升等，以致於有時學生甚至不知道自己已經獲得升等。有些指導教授則覺得升等的事情一點也不重要，所以會等到學生要提交

論文之前，才補辦升等程序。另外一方面，也有些系所制定了
非常正式的升等程序，包括書面報告的提交及／或根據此書面
報告進行的審查會議。

　　大學內部的升等程序應該一致，最好能要求學生提交正式
的書面報告，並且由指導教授和至少一名系上教師共同評估。
透過這樣的方式，讓真正有足夠潛力的學生升等成博士班的學
生。

外部審查委員的指派

　　博士候選人提交的論文，必須能證明其研究貢獻已達獲頒
博士頭銜的標準。英國的博士系統要求每一件博士資格的審查
工作必須至少有一名外校審查委員參與，企圖藉此均衡所有大
學的標準。為了維持公平性，相關規定必須聲明外部審查委員
應該作出獨立的評估。某些時候，指導教授會提名某個熟識的
同事擔任審查委員，如此一來，在評估時可能就缺乏了自主
性，這種情況經常發生在一些教師人數較少的學科中。

　　有兩個例子可以說明這樣做的危險性。第一個例子是，外
部審查委員同時也是另一所大學的教授，他想要提供一個博士
後研究的工作機會給此博士候選人。當然，這便成為學生能否
通過審查的附帶條件。第二個案例則是，雖然外部審查委員是
該領域中很稱職的教師，但是委員會卻意外地發現他原來是候
選人的指導教授的丈夫。這兩種情況都不見容於博士審查的規
定。

博士論壇

博士教育的本質和其他高等教育一樣，會隨著時間不斷改變。一個代議制的論壇能使相關議題有公開討論的機會。以下我們將分別說明三個經常受到討論的議題。

以一系列的研究取代單一論文

很多人都曾經提出建議（如Halstead 1987），博士制度不應該根據單一研究就決定是否頒予博士學位，他們認為，以一個工程浩大（big bang）的研究計畫為基礎來評估學術資格，是不實際的做法，特別是對一個尚在起步階段的研究者而言。相反地，如果能讓學生以一系列規模較小的研究計畫來證明自己的專業能力，似乎是個更合理的做法。因此，博士學位的頒發應該以大約四個研究計畫為評估基礎，此四個研究計畫必須達到可以在學術期刊上發表的標準。

我們認為這是一個值得鼓勵的發展，同時也符合各項有關博士的意義與專業特質。對於大多數剛起步的研究者而言，這種方式更能建立其對學術研究的實際概念，並且奠定其日後發展的基礎。很多有用而且具有發表價值的學術貢獻，往往源自於一系列的相關研究。事實上，在獲頒學位之前，要學生將所有或部分研究計畫的報告發表在聲譽良好的期刊上，並非不切實際的要求。至於哪些期刊稱得上「聲譽良好」，則交由審查委員來決定。

事實上，這種方式也就是以發表作品來作為博士資格的審核基礎。目前很多學校都提供這類管道給學校裡的職員，不過

他們並沒有受到指導。不過，它應該會非常適用我們所主張的指導教授制。漸漸地，除了傳統式的「大部頭」（"big bang"）論文以外，攻讀博士學位也有了另一種選擇。

版權問題以及博士班學生作品之認定

現代社會已經將知識視爲重要的資源之一，有關於知識擁有權之問題也逐漸引發各項爭議。爲了保護包括研究人員在內的知識生產者，智慧財產之相關法律也急速發展，儘管其中不免有許多灰色地帶還待法庭進一步檢驗。其中，有關於博士班學生的研究和著作，也具有高度爭議性。

在法律上，所有作者—包括博士班學生—都擁有其著作的版權收益權。除此之外，他們也有行使識別與完整性的「道德權」：識別（在法律上，即使作者是女性，也將此統稱爲「父源權」，「paternity rights」！）指的是作者有權利稱自己爲出於己身之作品的作者，這是爲了避免作者受抄襲之侵犯。完整性指的則是作者有權利拒絕自己的作品遭到修改。第一個具有爭議性的問題是，有些大學要求博士班學生（雖然他們並不受僱於學校）簽名放棄版權及道德權，因爲學生進行研究的資源係由大學機構所提供，因此大學有權擁有最後的作品，如同公司有權擁有員工的生產成果一樣。這是一個有待評估的灰色地帶。由於學生的書面研究材料不同於發明或專利，它並不能創造大量財富，因此，大學堅持從學生手中取得這些權利，似乎是一個容易令人反感的做法。

第二個問題則更是爭議的焦點，這是有關於指導教授和研究生對於已發表之報告貢獻多寡的認定。如果基於擔任指導工作之理由，即使指導教授並無實際的創作行爲，他是否應該和

學生共同列名為作者？如果以注腳表達對指導教授的感謝之意，是否可算是表彰了指導教授在研究過程中的指導與支持？有些系所會向學生施壓，要求學生必須與指導教授聯名發表期刊論文，不管指導教授是否真的對研究有所貢獻。在英國，由於高等教育委員會必須對其所資助的大學，進行研究成果的評估，大學為了爭取更多經費的資助，更是變本加厲地規定學生發表期刊論文時必須和指導教授聯名。每位教師可以提交四件研究報告以接受評估，和學生聯名發表的報告也可視為其中的一件。技術上來說，雖然學生單獨發表的報告亦可以列入指導教授四件報告的目錄中，但是很少人會這麼作，同時這種做法也會造成評估時的混淆。因此，如果指導教授需要豐富他們的著作目錄，通常他們會堅持要學生以聯名方式發表作品。這樣的做法是否合理？

　　正如第一章所指出，不同學科之間的文化差異性很大。例如，在自然科學領域，通常指導教授會發展出一條研究路線，根據過去的研究成果取得研究委員會的助學金，然後指導學生進行特定的研究。在這種情況下，師生聯名發表研究成果似乎是可以理解的做法。然而，在社會或人文科學領域的研究生通常會找到自己的研究主題，指導教授則是該主題所屬領域的專家。在此，教師的角色是提供研究上的指導服務，這種服務非常類似於教師對大學部學生的教學工作，因此，在這種情況下，除非指導教授與研究生真的共同撰寫研究報告，否則，師生聯名發表作品看來並不合理。

　　當學生不了解傳統慣例，或指導教授過於堅持要求聯名發表作品時，雙方便容易產生衝突。因此，在博士研究中，師生雙方最好剛開始就針對這些問題進行充分的溝通，以便達成共

識。對此，有些大學已經訂定原則，例如，香港大學就作出如下的原則性聲明：

- 所有對研究工作有實質而重大貢獻的人（也只有這些人）應該列名為作者之一。在發表作品之前，對於納入其他共同作者的名字及姓名排列之順序，所有作者必須達成共識。
- 作者姓名必須按其對研究工作貢獻之多寡依序排列，列名第一的是貢獻最多的作者。
- 被列名為作者的人，應該有能力針對此研究之知識與內容，進行獨立之專題發表，否則不應將其納入作者之列。

如果指導教授和研究生之間對於聯名發表的看法有所歧異，則有賴釐清識別權之歸屬究竟為何人擁有。因此，有心解決糾紛的大學可以參考上述香港大學所擬定的原則性方針。在英國，如果依照國家研究生委員會的主張，博士班學生有權獨立發表研究成果，將會有助於衝突情況的改善。

實務學科中的博士

以實務為基礎的學科—如藝術、音樂、設計或工藝—對於博士形式的論戰未曾停歇。由於這些學科所依賴的專業工具或藝術工具不斷地進步，因此，有人主張這些學科可以將具有原創性與創造力的作品視為博士論文的主要內容（英國研究生教育委員會 1997）。舉例而言，一件雕刻作品（必要的話，以照片或錄影帶呈現）或一部音樂作品（以錄音方式呈現）也可能對該學科在知識與發展上有長足之貢獻，因此值得頒發博士學

位。

　這個看法引發了以下幾個有趣的問題：博士的組成要素爲何？在何種情況下，一件實物作品可以取代博士論文？在眞正的研究中，錄影技術、電腦程式、手工藝品等的貢獻爲何？在目前的實務學科中，討論的重點是傳統的「純文字」論文是否可以被一件完全沒有任何書面資料的製成品取代？如果這眞的發生了，那麼我們可能必須回答一個問題：什麼時候畫作不再是畫作，音樂作品不再是音樂作品，橋樑不再是橋樑？答案是：當它是博士論文的時候！

　目前最普遍的看法是在純文字論文與純實務論文兩種極端之間取得平衡。不管是哪一種論文形式，通常人們會要求它必須能夠永久保存，也可公開展示（publiciy accessible）。創作的部份必須透過圖說、展示或多媒體等方式，公開接受審視（Swift 1996）。有些人並且主張，作者應該公開創造過程，包括初期起草的圖樣，以便對外呈現思考過程。也有些人甚至認爲整個創作發展歷程的呈現，可以取代文字分析。

　然而，大多數的學校都要求學生除了創作元素以外，也必須證明自己對該領域之理論有相等的了解。他們必須能夠爲自己的創作提出基本原理，如果該領域在過去並未有任何學術作品，那麼學生必須採用其他領域的相關思想，或是援引特定的理論途徑。除此之外，這個計畫必須建構在當前議題的脈絡之中。很重要的一點是，學生必須能證明自己的研究有多大程度延展了前人的成果。研究生可以透過改變素材或使用新工具來改變原本的作品，以作爲新的貢獻。另外，如果能夠對原來的作品提出質疑或是釐清其意義與影響力，也可以算是有所貢獻。和所有的博士學位一樣，實務學科的博士候選人也必須讓

審查委員相信自己有能力從事研究工作，例如描述在研究上所面臨的難題、採取何種策略克服，以及說明未來可能的研究方向等。

● 系所的責任

系所對於博士教育的成敗，扮演關鍵性的角色。資深的教師應該從以下幾個問題來思考系所的角色：系所如何協助研究生成功地學習與研究？有哪些策略可以用來減低研究生涯的孤立感，使學生除了指導教授以外，也有向其他人學習的機會？學生是否建立自助團體，以助於同儕間的互相學習？是否有適當的安排與措施，幫助學生建立概念，了解自身領域裡的優秀研究必須具備哪些要素，以釐清自己的研究者角色。

建立系所的研究導師

每個系所應該確保擁有足夠的資源在系上設置一個研究導師的角色。研究導師在行政上所擔任的職務，也應該納入正式的工作量計算之中。

由講師擔任研究導師的好處是，講師的親和力比較高，學生願意向其尋求協助。在問題剛萌芽的時候就想辦法解決，可以避免日後變得難以收拾，甚至威脅到學生的前途。如果由資深講師或教授擔任研究導師的工作，學生可能會因為考慮太多而卻步。

講師擔任研究導師也有缺點—系上的成員是否會尊重或正視他的角色？研究導師的角色必須具備實質效果，因為在某些

情況下，研究導師極可能因為研究生的問題，需要和系所裡的前輩針鋒相對。系所指派資深的成員擔任研究導師的角色，意味著對博士教育重要性的肯定，同時，在處理研究生的各種問題時，受到的阻力可能比較少，雖然相對上來說，資深教師給學生的感覺往往比較權威而不可親近。

研究導師有幾項應盡的職責，茲分述如下。

系所裡至少要有一個人對於入學學生的狀況有整體的概念，這項任務就落在研究導師的身上，他必須要涉入所有申請與許可入學的事宜。為了確保學生的品質，所有的英國籍學生必須接受面談，可能的話，海外學生也一樣。研究導師不管是親自參與或是委託其他同事，都應該掌握面談的過程與結果。

為了確保學生有所進展，研究導師應該透過指導教授，以六個月為週期，定時對學生的研究進行督導。這部分的工作涉及系所報告（以該大學的年度督導報告為基礎）分配，研究導師應注意學生的學習反應或採取必要措施，並且定期地向教師們報告該系所研究生之整體狀況。

根據上述報告所採取的實質行動，可能包括對學生進行諮商，支持指導教授或與同僚進行協商等。此外，或許也可以舉行由指導教授和學生共同出席的聯合會議。

研究導師還有一項重要而傷腦筋的任務—關切並促進指導教授和研究生之間的關係。這部分不但涉及學生本身的學習能力與動機，也和指導教授對於指導工作的興趣及責任感有關。當指導教授和研究生之間發生衝突的時候，研究導師有時可能必須扮演調解人或仲裁者的角色。

研究導師也需要與擔任指導教授的同僚勤加聯繫，確定他們所需要的研究資源都獲得了充分的支援，包括如器材、實驗

室技術人員的配合等。此外，或許研究導師還必須協助取得實地調查的場地，如學校或各類產業組織等。

研究導師另一個工作則是闡明副博士生升等成博士生的政策，使之維持一致的標準，並且讓學生充分了解升等的條件。如果標準不一，學生不免會非常焦慮自己是否能夠順利升等，這種焦慮感很可能嚴重抑制學習能力。

因此，研究導師應該在適當的場合讓所有的新鮮人深入地了解博士學位本質。他們應該督促學生閱讀、評估近期通過的博士論文，以便了解一部合格的論文應該具備哪些條件。如果讓學生獨自摸索，他們通常會絕望地從浩瀚的書海中走出來，不相信自己能夠寫出質量相當的論文。如果能夠讓學生以雙人或小組的方式共同進行這項工作，將有助於學生更清楚自己每個階段的任務。研究生們應該以下列方式，評估近期通過的博士論文：

- 掌握研究摘要——學生應該先了解研究的內容，才能進行評論。
- 說明該研究的貢獻，了解審查委員何以認定該研究值得頒與博士學位。
- 評估、指出該研究之不足，避免未來自己犯了相同的錯誤。

系所的博士班學生討論會議中，應該舉辦類似的分析活動，學生可以從發表意見、接受回應的過程中，建立自信心。同時，這也可以讓學生了解，博士研究並非不可能的任務。

研究導師必須相當善於處理論文的提交與審查等行政事宜，並且為比較不熟悉這類程序的同事提供相關協助。

此外，下節將會提到各項相關工作，其中研究導師皆扮演舉足輕重的角色。

改善系所篩選學生的程序

所有系所都希望找到有潛力完成研究、寫就論文、在期限內可以拿到學位的學生，因此，一開始對申請者的篩選工作是很重要的，系所必須很有系統地執行。如果廣泛地考慮各項特性，將可以提升篩選的品質。例如，申請者在大學或碩士班的成績不應該作為唯一的指標，而學生大學時在專題計畫方面的表現，則可以加重衡量。

除了面談以外，可以考慮採用Wason（:960，1968）發展的一系列測試，以了解學生解決問題的能力或思考是否具有彈性。這類測試的目標是為了診斷學生解決問題的方式。答案正確與否對於研究潛力之鑑定並不是最重要的。最理想的做法是將個別面談也納入測試的一部分。

另一個問題是，目前很多大學漸漸傾向於以分配的方式為學生指派指導教授，這是應該盡可能避免的趨勢。系所應該鼓勵、支持教師們參與選擇適合自己的研究生。不管指導教授和學生之前是否曾經接觸過，每位申請者都應該有機會和可能的指導教授以及系所裡的其他成員（通常是研究導師）進行面談。

這個過程也許需要正式的研究提案，並且證明自己對某個領域具備足夠知識。有些系所要求申請者一律要提出明確的研究提案，否則便不予接受。有些系所則認為這類研究提案比較適合放在副博士生升成博士生的程序中，此時學生已有一年以

上的研究經驗，較能規劃一項清楚可行的研究計畫。

　　事實上，申請者在沒有受過任何訓練之前，我們並沒有理由要求他寫出一篇符合要求的研究提案。另一方面，學生從未在博士研究環境中發展各項技能，也不大可能寫出一個結構良好的研究提案。因此，如果學校規定一入學就必須提交研究計畫，學生可能就有必要求助於系上相關領域的教師。除此之外，在這個階段也應該留意一下哪一位教師可能對學生的研究主題感興趣。

　　如果學生可以在申請時的面談就提出研究計畫，將使系所更容易作出是否給予入學許可的決定，因為研究提案可以讓負責審查入學資格者很快地確認下列幾個問題：系所裡是否有合適的人選可以指導學生從事該主題之研究？申請者是否了解如何規劃與執行研究？申請者是否具備足夠的背景知識以執行博士級的研究工作？

　　兼職學生所面臨的困境，需要更多的關注與瞭解。他們遭遇各方面的問題，其中時間分配和經濟困難是兼職學生最普遍的壓力來源。因此，系所在選擇學生的時候，最好先問清楚學生在就學期間的經濟來源，以避免註冊以後學生因為嚴重的財務困難被迫中止學業。

指導教授之遴選

　　系所有一個重要的責任─建立適當的指導教授遴選標準。這涉及兩個重要的要素，彼此之間未必有關：首先，老師過去的研究經驗和目前投入研究工作的程度；其次則是教師過去擔任指導教授的經驗，以及目前對於指導研究生的投入程度。

理想的狀態是，上述兩項要素皆有良好表現的教師才能夠擔任指導教授。然而，即使是這樣的指導教授，通常仍需要額外的訓練，以發揮最大的作用。事實上，指導教授是否是一位熱忱、成功的研究實踐者，以及在別人眼中的他是否亦如此，對於學生能不能成功地取得學位有非常重要的影響力。有些指導教授非常投入非研究的活動—教學、行政、決策、諮詢，以致於沒有研究的時間。很快地，他們的學生對於研究工作就會感到失望，也就比較不容易貫徹始終。此外，一位活躍的研究者也必須能提供博士班學生所需要的最新專業知識。

指導教授過去是否曾經指導學生成功地獲得博士學位，也是重要的考量因素。有些新成立的大學係根據前CNNA的制度，要求研究生要有第一指導教授與第二指導教授，其中至少要有一個人有過成功的指導經驗。如果無法配合上述的要求，沒有指導經驗的教授應該先下定決心投注一定程度的時間與精力在指導工作上。有些指導教授願意對指導工作投注大量心力，是因爲自己在這方面有過不好的經驗，他們希望可以幫助學生免於同樣的創傷。

適當的指導原則

系所有責任建立原則，以釐清指導教授的角色。這些原則應該包括下列事項：

- 教師應該花多少時間回應學生之寫作成果。
- 適時地讓學生知道學校或系所的相關規定或行政方面應該注意之事項，使學生有依循之準則。

- 建議每位研究生和指導教授訂定如第八章所提到之契約。
- 讓學生早一點知道自己的進步是否令人滿意。
- 讓自己的學生在學術社群中接觸各種不同的人物與想法。
- 向學生提出有關道德與福利問題之建議。
- 向學生提及上述各項原則，以及身為研究生所需要的其他資訊。

研究生的支援團體

　　智識及社交上的孤立無援是導致研究生不滿、放棄或遲交論文的重要因素（Johnston和Broda 1996）。無法完成博士學位和智力高低並無必定之關聯，反而和孤立與疏離的感覺較有關（Phillips 1989a）。Conrad和Phillips（1995）針對小團體中的男女行為差異進行研究，包括教育環境中的小團體，結果發現女性比較不像男性般地勇於提出批評。藉著博士班同儕團體的支持與鼓勵，有助於減輕這些長期存在的問題。因此，學生做研究的環境與脈絡變得格外重要，而系所方面應該盡可能地幫助研究生減輕社交上的疏離感。

　　為了達到這項目的，系所應該為學生之間製造聚會的機會，研究導師則負責安排聚會時間，建立學生對學校的歸屬感，同時也發展對研究社群的認同感。這樣一來，學生較能接受學校的各項要求，並且依規定行事。

　　系所應該不斷地提醒研究生：他們並不孤單，因為有人關

心他們的研究和進度。有了這樣的體認，學生對自己的研究工作會更有責任感。有些時候學生放棄攻讀博士，是因爲他們認爲沒有人在意自己是否堅持下去。但事實並非如此，至少，他們的放棄一定會令系所覺得萬分沮喪。系所可以安排研究生之間的聚會，讓他們發現自己原來有自助助人的潛力。不過，系所必須特別注意性別差異反映在溝通和辯論行爲時，會有哪些不同（如第九章所示），因此，在採取自助團體方式幫助學生時，應該試著讓這樣的團體適合各種性別的研究生。

可能的話，建立博士班課程

博士班課程具有兩項重要的特質，可以克服一對一師生制對學生所造成的孤立感：

- 教職員、系所或研究單位將許多學生組織在一起，利用同儕支援團體對抗孤立感。
- 提供共通的基礎課程，減輕指導教授的教學負擔。

基礎課程的具體內容必須考慮每個學門學生的共同需要，如果要使課程發揮效果，必定要讓學生覺得這些課程係針對其專業之發展而設計，因此要兼顧技能與知識。英國的博士課程與美國不同（見稍後之說明），它並沒有考試的設計，因爲課程的目的是幫助學生爲研究工作做準備，而不是成爲學生需要跨越的另一個門檻。

然而，博士課程的有效性端視系所是否嚴肅地看待這些教學課程。某些系所規定學生在第一年必須實質參與這些課程，以致於他們要等到第二年才能開始著手研究。但是學生們往往

希望早點進入研究程序，而非花時間上一些他們不確定是否有
用的課程上。對於某些屬於同一領域、但是和自己的研究主題
看來絲毫無關的課程，學生們尤其覺得厭煩。因此，如果學生
過去已有良好的基礎，應該可以視情況抵免課程。然而，所有
的研究生必須先熟悉研究方法與分析方法（不管是在註冊前或
註冊後修習的入門教學課程），才能著手進行博士研究的工
作。

　　基礎課程之規劃應該包括專為新生設計的入門科目，並且
讓學生有機會在討論會上練習發表報告，以及定期討論攻讀博
士的相關議題。

　　唯有當一群研究生都需要接受基礎課程時，學校才可能規
劃課程所需之資源。學生組成的群體還有另一個好處—大家將
注意到研究生族群的存在，使學校與系所單位正視研究生和指
導教授的需要。博士課程的存在也使研究生能夠較容易地取得
空間與實質資源，使指導教授的工作得到正式的學分認可。每
個課程都應該由課程主任或系所研究導師負責督導學生的學習
狀況，並且在必要時提供額外的協助。這樣的結構為學生提供
明確可辨的課程體系，並且從中獲得社會性的支援。

　　因此，博士課程的一般性內涵看起來的確有其優勢，但
是，我們也必須將博士課程中的許多變項獨立出來仔細考量。
博士課程可能對研究生有很大的幫助，卻也可能一點用都沒
有，端視其結構是否良好。以下，我們將分別檢視三種不同的
博士課程：首先是美國博士制度；其次是科學的研究課程；最
後是博士學生的團隊系統。

美國的博士課程

美國的博士課程通常為期四年，並且具有以下的結構：

第一年：上課。
第二年：準備資格考。
第三年：提出符合標準的研究提案。
第四年：完成研究並撰寫論文。

第一年的課程通常很正式，並且著重於探討過去的研究在方法上有何不當之處，因此，容易使學生的思考流於制式、缺乏創意。

在第二年，學生必須為一系列的考試作準備，因此承受高度壓力。這段期間也是很多博士班學生半途而廢的階段。通過考試以後，隨之而來的就是整整兩年的孤軍奮鬥，和英國博士班學生三年的經驗非常類似。

美國博士制度最大的特色在於每位學生都有由三名教師組成的論文委員會，而非只有一位指導教授。在實務方面，委員會的主席是最主要的指導教授，因此無可避免地必須面對本書提到的各種問題，而另外兩名教授則可能在較後面的階段介入學生的研究。這種方式也經常因為同事之間的間隙而導致本書提到的聯合指導教授制度之弊病。

我們應該特別留意，審查委員會係由此三名成員所組成，如果學生所執行的研究提案，達到委員會成員的要求，則可獲頒博士學位。審查過程中並沒有外部審查委員的涉入，這意味著每所大學、每個科系對博士資格的標準可能差異極大。

根據我們的看法，除了博士課程的概念以外，美國制度在

細節上並沒有太多可供英國制度參考之處。

科學的研究計畫

在英國，有些博士課程是整個大型科學研究計畫之下的產物。在這種層級很高的計畫下，研究生經常被視為資歷最淺的員工。換句話說，也就是扮演低階研究助理的角色。主掌此計畫的人訂定清楚的規定，限制博士班學生執行的研究內容與論文形式，因此往往對學生的貢獻有所設限。

以教育的觀點來說，這類計畫有其優勢，亦有其侷限之處。相對於傳統上備感孤立的學生，這種制度下的研究生有兩個優勢：首先，他們所處的環境會不斷地強調研究的重要性—相較於其他學生的指導教授並不把研究視為首要任務，這樣的學生顯得比較幸運；其次，學生可以在專業技能訓練或學術議題的資訊方面得到最先進的科技知識。

然而，在大型計畫下攻讀博士學位亦有其侷限之處：首先，指導教授可能傾向於管理性質的督導，而疏忽了學生在論文方面所需要的指導，因為他們以為研究生可以透過群體獲得這方面的支援。指導教授和學生每天在實驗室裡密切的接觸係以管理為目的，使許多指導教授忽略了本書羅列的各項教育工作。

其次，研究計畫的管理者及其他資深成員可能被研究團隊表面上的和諧氣氛所矇蔽。我們在第二章提到，學生們彼此之間難免有競爭的心態，更會擔心自己的想法或研究成果被共事或主題相近的共事者所竊取。因此，有時成員之間的貌合神離，使群體中隱隱約約透露著緊張與不信任感。

本書作者之一（EMP）認為，基於幾個理由，這類型的研

究計畫並不值得鼓勵。一旦某系所採取這類計畫，就等於實質地排除了其他領域申請者的入學機會。以Diana的情況來說，所有的研究獎學金都給了抗癌計畫，那麼修習其他領域的生化學家就必須另外尋找適合的大學。更極端的情況是，每一個研究所可能就只有寥寥數個研究領域，最嚴重的後果則是，很多重要的研究都不得不被放棄，甚至連開始的機會都沒有。這意味著有些研究領域會大規模地發展，但是有些則充其量只是人們腦中一閃而過的念頭，還有些甚至完全被忽略。

本書另一名作者（DSP）的看法則是，這一類計畫的好處在於它可以突破限制，建立大規模的研究環境。但是，它必須非常謹慎地處理本書所討論的「博士歷程」問題。尤有甚者，研究主管必須體認：對學生的教育責任和對計畫的管理責任，是兩回事，而兩種責任都是他們應該承擔的。

博士同儕系統

Phillips（1989b）曾提過一個以某系所博士學生團隊為基礎的計畫，在這個案例中的人們選擇特定的研究領域：例如，合金之壓力（材料科學系）或工作時的壓力（工業心理學）。學生以這些領域為範圍，定義出自己想要探討的問題。因此，不同學生會提出不同的問題，彼此之間有相當的差異性，同時也不像上述的大型研究計畫般地富有整體性。這個博士學生團隊係由兩位對研究主題有興趣的教師所領導，並且由他們擔任所有成員的指導教授。

此一團隊每兩週定期舉行一次會議，說明各自的工作狀況。會議以研討會的形式進行，每個人提出自己的進度、問題或想法，並且由其他成員及指導教授加以討論，並且提供回

應、協助、資訊及經驗的比較或分享。這種運作方式使成員之間持續進行想法的交流與溝通，漸漸形成一種支援性的網絡。除此之外，成員之間也可以透過電話或其他非正式的管道聯絡。

這樣的系統一來強化了成員對學生身分的認同，二來更建立了學習時所需的支援性架構，可說相當適合兼職博士班學生。

博士學生團隊剛開始的會議主題可能涵括了引導性的議題，之後的會議則必須決定每位成員應該分別與系上的哪位教師加強聯繫，接下來的過程就會越來越類似傳統的博士歷程了。

即使團隊中的每一個成員都已經有了各自的指導教授（團隊的領導者也可能是其中之一），彼此仍然希望維繫團隊關係。這種團隊的發展與架構必須要很有彈性，以適應不同成員的需要。不過，在團隊形成的初期，其形式大致上沒有太大的變化。

此種系統有很多好處，而其主要限制是：唯有擁有大量博士研究生的系所才能運作這種系統。相對上來說，學生人數較少的系所就不大容易找到很多對相關主題有興趣的學生。

一般來說，如果博士課程的概念運用得宜，並符合系所與學生之需要，的確是個前途看好的制度。不過，它的發展無可避免地會潛藏一些危險性，其中最大的問題在於人們會誤以為博士生只要在博士課程中接受訓練就足夠。根據我們的看法，這是畫地自限的錯誤做法。只要研究資源不要像現在這樣過度集中，每個接受妥善指導的學生都應該能夠有所發展。

結論

　　本章指出學校在發展博士制度時所必須考量的重要議題。當學術決策者汲汲營營地努力改善高等教育面貌時，必須釐清：哪些作爲可以爲整個教育系統創造優勢？在行之有年的程序上縫縫補補、疊床架屋，並不能發揮整性體或長期性的效果。勉強援引其他制度或方法—如美國的制度，似乎也無濟於事。

　　本書的概念奠基於多年來的博士制度運作。當我們重新審視博士制度、試圖找尋正確的發展方向時，也必須以這些概念爲基礎。在提升博士的品質與完成比例之際，本章提到的相關政策將能夠成功地改善每一個博士研究生的求學經驗。

行動要領

1. 確保大學實踐其對博士班學生之責任。
2. 透過結構性的引導程序、系所設備、補充性的資訊及語言訓練，提供博士班學生相關支援。
3. 提供訓練指導教授的資源，將指導工作納入教學學分中，在系所設置兼任的博士研究導師。
4. 爲博士教育訂定適當的規定，並且設置博士論壇俾便定期檢討博士之本質。
5. 在系所層級建立博士研究導師之職務，負責督導、提升博士教育之成效。
6. 定期檢討篩選學生或接受入學之方式及標準。

7. 建立選擇指導教授之原則，訂定適當的指導教授行爲準則。

8. 鼓勵學生建立合作團體或舉行聚會。

9. 大學應視需要考慮建立博士課程。

如何拿博士學位

原　　著／Phillips and pugh
校　　訂／李茂興
譯　　者／戴靖蕙
執行編輯／黃碧釧
出 版 者／弘智文化事業有限公司
登 記 證／局版台業字第 6263 號
地　　址／台北市大同區民權西路 118 巷 15 弄 3 號 7 樓
電　　話／（02）2557-5685・0932321711・0921121621
傳　　真／（02）2557-5383
發 行 人／邱一文
書店經銷／旭昇圖書有限公司
地　　址／台北縣中和市中山路 2 段 352 號 2 樓
電　　話／（02）22451480
傳　　真／（02）22451479
製　　版／信利印製有限公司
版　　次／2002 年 02 月初版一刷
定　　價／220 元
弘智文化出版品進一步資訊歡迎至網站瀏覽：
http://www.honz-book.com.tw

ISBN 957-0453-49-4
本書如有破損、缺頁、裝訂錯誤，請寄回更換！

國家圖書館出版品預行編目資料

如何拿博士學位／Phillips, Pugh作；戴靖惠
譯. -- 初版. -- 臺北市：弘智文化, 2002
〔民91〕
　面：　　公分
譯自：How to get a PhD : a handbook for
students and their supervisors
ISBN 957-0453-49-4（平裝）

1.研究所 - 手冊, 便覽等　2.博士

525.9026　　　　　　　　　91000285